历史的天空 

历史上著名的医学家

历史的天空

历史上著名的医学家

王 博 编著

吉林出版集团股份有限公司 | 全国百佳图书出版单位

前 言

医学是人类健康的守护神。医学家用自己的科研成果和艰辛帮助患者解除病痛、恢复健康。因此，医务人员素有“白衣天使”的美称。著名的医学家受到人们的普遍爱戴。

在人类与疾病的斗争中，医学家的作用是举足轻重的。与所有其他学科一样，医学家担负着发现、认识并最终根治疾病的重任。正是由于他们的努力，一个又一个曾吞噬无数血肉之躯的病魔都屈服在人类的智慧之下，人类将永远铭记他们的姓名。

比如李时珍，他是我国明代药物学家，在国外被誉为“博物学界无冕之王”。

再比如：巴斯德，他是为世人揭开传染病黑幕的法国微生物学家；巴甫洛夫，俄国生理学大师，成绩杰出，被称为“从神坛上请下来的人”；兰德斯坦纳，他发现人类的主要血型系统及研究出 ABO 血型的检验方法，在早期医学界的影响也很大。这些著名的医学家与我们的健康和生命是那么的紧密相关。他们付出了毕生的心血，钻研医学，并且著述了医学史上宝贵的书籍。

这些医学家的成长之路和求学之路也都并非一帆风顺，但是他们克服困难，发奋钻研。他们阅读医书，教授生徒，为贫民治病，多不取值，这些精神都是值得我们发扬和学习的。

本书分为世界篇与中国篇，详细地介绍了古今中外的著名医学家。从人物性格到医学开发，记录了医书巨著，并以民间传说、个人轶事的形式，让我们从各个方面了解了医学家的成长之路，以及他们付出的努力。

读一读他们的经历，对于立志为人类事业献身的人们，是一种鼓舞，也是鞭策。

◆ 目　录 ◆

世界篇

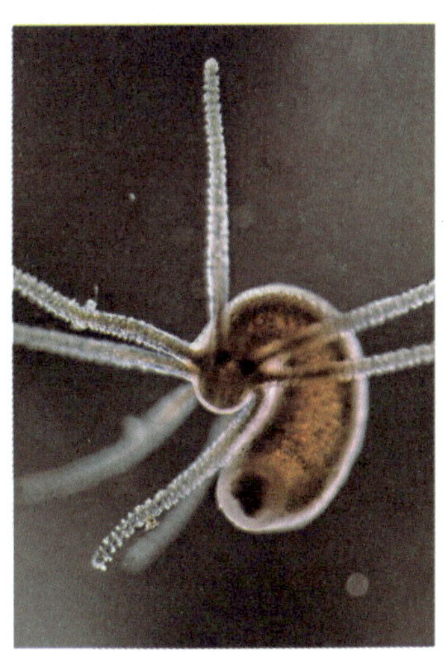

目 录

世界篇

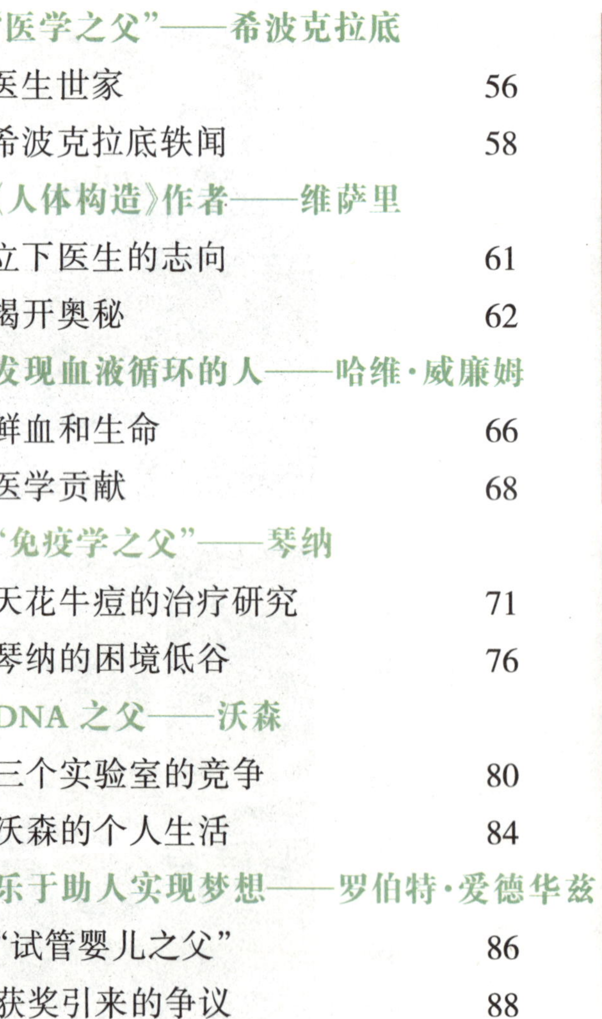

目　录

中国篇

目　录

中国篇

世界篇

微生物学的奠基人——路易斯·巴斯德

“微生物学之父”

路易斯·巴斯德，法国微生物学家、化学家。他研究了微生物的类型、习性、营养、繁殖、作用等，奠定了工业微生物学和医学微生物学的基础，并开创了微生物生理学。循此前进，在战胜狂犬病、鸡霍乱、炭疽病、蚕病等方面都取得了成果。英国医生李斯特并据此解决了创口感染问题。从此，整个医学迈进了细菌学时代，并得到了空前的发展。

美国学者麦克·哈特所著的《影响人类历史进程的 100 名人排行榜》中，巴斯德名列第 11 位，可见其在人类历史上巨大的影响力。其发明的巴氏消毒法直至现在仍被应用。

巴斯德于 1822 年出生在法国东部的多尔镇。他在巴黎读大学，主修自然科学。他的天赋在学生时代并没有显露出来，他的一位教授把他的化学成绩评为“及格”。但是巴斯德在 1847 年获得博士学位，不久便证明了教授的判决还为时过早，年仅二十六岁的巴斯德因对酒石酸的镜像同分异构体的研究而一跃跨入著名化学家的行列之中。一般认为这位法国化学家和生物学家是医学史上首屈一指的重要人物。巴斯德对科学做出了许多贡献，但是他却以倡导疾病细菌学说、发明预防接种方法而最为闻名。

2005年，法国国家二台举行了“最伟大的法国人”的评选活动，结果巴斯德名列第二位，仅次于夏尔·戴高乐。

巴斯德曾任里尔大学、巴黎师范大学教授和巴斯德研究所所长。在他的一生中，曾对同分异构现象、发酵、细菌培养和狂犬病疫苗等研究取得重大成就，从而奠定了工业微生物学和医学微生物学的基础，并开创了微生物生理学，被后人誉为“微生物学之父”。

路易斯·巴斯德像牛顿开辟出经典力学一样，巴斯德开辟了微生物领域，创立了一整套独特的微生物学基本研究方法，并用“实践 —理论—实践”的方法开始研究，他是一位名副其实的科学巨人。

路易斯·巴斯德

巴斯德一生进行了多项探索性的研究，取得了重大成果，是19世纪最有成就的科学家之一。他用一生的精力证明了三个科学问题：一是每一种发酵作用都是由于一种微菌的发展，这位法国化学家发现用加热的方法可以杀灭那些让啤酒变苦的恼人的微生物，很快“巴氏杀菌法”便应用在各种食物和饮料上；二是每一种传染病都是一种微菌在生物体内的发展，由于发现并根除了一种侵害蚕卵的细菌，巴斯德拯救了法国的丝绸工业；三是传染病的微菌，在特殊的培养之下可以减轻毒力，使他们从病菌变成防病的疫苗。他意识到许多疾病均由微生物引起，于是建立起了细菌理论。

路易斯·巴斯德被世人称颂为“进入科学王国的最完美无缺的人”，他不仅是个理论上的天才，还是个善于解决实际问题的人。他于1843年发表的两篇论文——“双晶现象研究”和“结晶形态”，开创了对物质光学性质的研究。

1856年至1860年，他提出了以微生物代谢活动为基础的发酵本质新理论，1857年发表的“关于乳酸发酵的记录”是微生物学界公认的经典论文。1880年后他又成功地研制出鸡霍乱疫苗、狂犬病疫苗等多种疫苗，其理论和免疫法引起了医学实践的重大变革。此外，巴斯德的工作还成功地挽救了法国处于困境中的酿酒业、养蚕业和畜牧业。

巴斯德被认为是医学史上最重要的杰出人物。巴斯德的贡献涉及几个学科，但他的声誉则集中在保卫、支持病菌论及发展疫苗接种以防疾病方面。

巴斯德并不是病菌的最早发现者。在他之前已有基鲁拉、包亨利等人提出过类似的假想。但是，巴斯德不仅热情勇敢地提出关于病菌的理论，而且通过大量实验，证明了他的理论的正确性，令科学界信服，这是他的重大贡献。

如果病因在于细菌，那么显而易见，只有防止细菌进入人体才能避免得病。因此，巴斯德强调医生要使用消毒法。向世界提出在手术中使用消毒法的约瑟夫·辛斯特便是受了巴斯德的影响。有毒细菌是通过食物、饮料进入人体的。巴斯德发展了在饮料中杀菌的方法，后称之为巴氏消毒法。

巴斯德50岁时将注意力集中到恶性痈痕上。那是一种危害牲畜及其他动物，包括人在内的传染病。巴斯德证明其病因在于一种特殊细菌。他使用减毒的恶性痈疽杆状菌为牲口注射。

1881年，巴斯德改进了减轻病原微生物毒力的方法，他观察到患过某种传染病并得到痊愈的动物，以后对该病有免疫力。据此用减毒的炭疽、鸡霍乱病原菌分别免疫绵羊和鸡，获得成功。这个方法大大激发了科学家的热情。人们从此知道利用这种方法可以免除许多传染病。

路易斯·巴斯德

1882年，巴斯德被选为法兰西学院院士，同年开始研究狂犬病，证明病原体存在于患兽唾液及神经系统中，并制

成病毒活疫苗，成功地帮助人获得了该病的免疫力。按照巴斯德免疫法，医学科学家创造了防止若干种危险病的疫苗，成功地免除了斑疹伤寒、小儿麻痹等疾病的威胁。

说到狂犬病，人们自然会想到巴斯德那段脍炙人口的故事。在细菌学说占统治地位的年代，巴斯德并不知道狂犬病是一种病毒病，但从科学实践中他知道有侵染性的物质经过反复传代和干燥，会减少其毒性。他将含有病原的狂犬病的延髓提取液多次向注射兔子后，再将这些减毒的液体注射狗，以后狗就能抵抗正常强度的狂犬病毒的侵染。1885 年人们把一个被疯狗咬得很厉害的 9 岁男孩送到巴斯德那里抢救，巴斯德犹豫了一会后，就给这个孩子注射了毒性减到很低的上述提取液，然后再逐渐用毒性较强的提取液注射。巴斯德的想法是希望在狂犬病的潜伏期过去之前，使他产生抵抗力。结果巴斯德成功了，孩子得救了。在 1886 年，他还救活了另一位在抢救被疯狗袭击的同伴时被严重咬伤的 15 岁牧童朱皮叶，现在记述着少年的见义勇为和巴斯

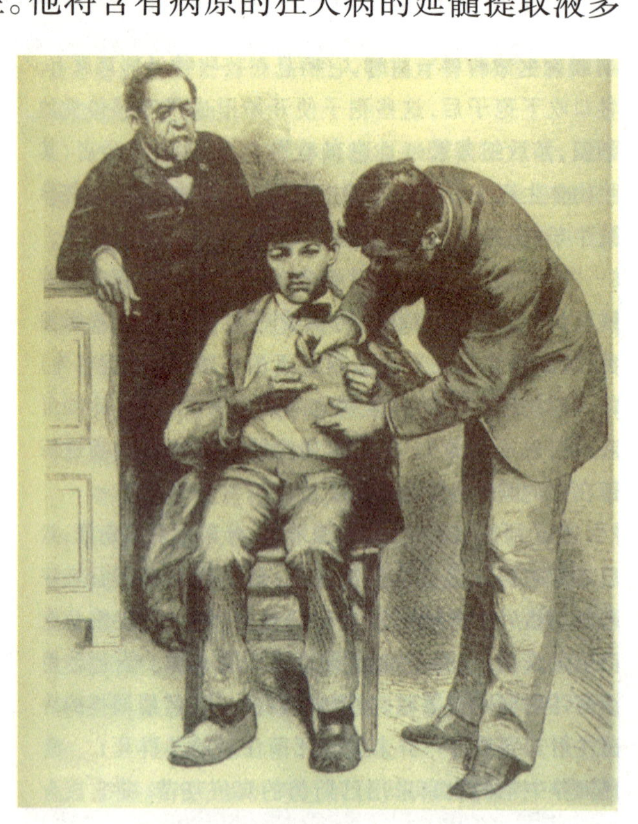

路易斯·巴斯德观察病人

德丰功伟绩的雕塑就坐落在巴黎巴斯德研究所外。巴斯德在1889年发明了狂犬病疫苗，他还指出这种病原物是某种可以通过细菌滤器的“过滤性的超微生物”。

路易斯·巴斯德

巴斯德本人最为著名的成就是发展了一项对人进行预防接种的技术。这项技术可使人抵御可怕的狂犬病。其他科学家应用巴斯德的基本思想先后发展出抵御许多种严重疾病的疫苗，如预防斑疹伤寒和脊髓灰质炎等疾病。

正是他做了比别人多得多的实验，令人信服地说明了微生物的产生过程。巴斯德还发现了厌氧生活现象，也就是说某些微生物可以在缺少空气或氧气的环境中生存。巴斯德对蚕病的研究具有极大的经济价值。他还发展了一种用于抵御鸡霍乱的疫苗。

人们经常将巴斯德同英国医生爱德华·琴纳比较。琴纳发展了一种抵御天花的疫苗，而巴斯德的方法可以并已经应用于防治很多种疾病。

1854年9月，法国教育部委任巴斯德为里尔工学院院长兼化学系主任。在那里，他对酒精工业产生了兴趣，而制作酒精的一道重要工序就是发酵。当时里尔一家酒精制造工厂遇到技术问题，请求巴斯德帮助研究发酵过程，巴斯德深入工厂考察，把各种甜菜根汁和发酵中的液体带回实验室观察。经过多次实验，他发现，发酵液里有一种比酵母菌小得多的球状小体,它长大后就是酵母菌。

过了不久，在菌体上长出芽体，芽体长大后脱落,又成为新的球状小体，在这循环不断的过程中，甜菜根汁就“发酵”了。巴斯德继续研究，弄清发酵时所产生的酒精和二氧化碳气体都是酵母使糖分解得来的。这个过程即使在没有氧的条件下也能发生，他认为发酵就是酵母的无氧呼吸并控制它们的生活条件,这是酿酒的关键环节。

路易斯·巴斯德塑像

1857 年路易斯·巴斯德发表的《关于乳酸发酵的记录》是微生物学界公认的经典论文。

1880 年路易斯·巴斯德成功地研制出鸡霍乱疫苗、狂犬病疫苗等多种疫苗,其理论和免疫法引起了医学实践的重大变革,被视为“细菌学之祖”。

研究领域的成就

一般认为，这位法国化学家和生物学家是医学史上首屈一指的重要人物。巴斯德对科学做出了许多贡献,但是他却以倡导疾病细菌学说、发明预防接种方法而最为闻名。

巴斯德 1847 年在巴黎大学获得博士学位，此后他开始潜心研究发酵，证明了发酵过程是某种微生物作用的结果。他还证明了其他某种微生物的存在会使正在发酵的饮料变为次品。这使他很快认识到了某种微生物可在人体或动物体内产生不合要求的产品和作用。

巴斯德并不是提出疾病细菌学说的第一个人，类似的假说以前就由吉罗拉摩·费拉卡斯托罗、弗里德里克·亨利及其他人提出过。但是巴斯德通过大量的实验和论证有力地支持了细菌学说，这种支持是使科学界相信该学说正确的主要因素。如果疾病是由细菌引起的，那么通过防止有害细菌进入人体就可以避免疫病。

这看来是合乎逻辑的。因此巴斯德强调防菌方法对内科临床的重要性，他对把防菌方法引入外科临床的约瑟夫·李斯特有着重大的影响。有害细菌可以通过食品和饮料进入人体。巴斯德发明了一种消灭饮料中的微生物的方法，叫作巴斯德氏消毒法，这种方法在使

路易斯·巴斯德

用之处几乎把受污染的牛奶传染源彻底消除了。

巴斯德年过半百又开始潜心研究炭疽，即一种侵袭牛和许多其他动物包括人在内的严重传染病。巴斯德证明有一种特殊的细菌是这种病的致病因素。但是远比这更为重要的是他发明了一种弱株炭疽杆菌，用这种弱株给牛注射，会使这种病发作轻微，而无致命危险，并且还会使牛对此病的正常状况产生免疫力。巴斯德公开演示证明了他的方法会使牛产生免疫力，引起了巨大的轰动。人们很快就认识到他的方法可用于许多其他传染病的预防。

巴斯德本人在他那举世无双的著名成就基础之上发明了一种人体免疫法，此法使人接种后对可怕的狂犬病具有免疫能力。从那时起，其他科学家也发明了防治许多严重疾病，如流行性斑疹伤寒和脊髓灰质炎的疫苗。巴斯德还发现了厌氧生活现象，即某些微生物的能力——某些微生物能在无空气或无氧的条件下生存。

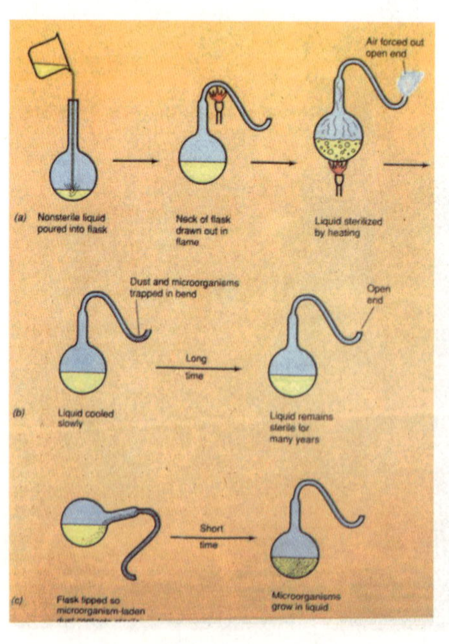

发酵的奥秘

巴斯德还弄清了发酵的奥秘，从此开始，巴斯德终于成为一位伟大的微生物学家，成了微生物学的奠基人。

当时，法国的啤酒业在欧洲是很有名的，但啤酒常常会变酸，整桶芳香可口的啤酒，变成了酸得让人咧嘴的黏液，只能倒掉，这使酒商叫苦不迭，有的甚至因此而破产。

巴斯德开始研究这个问题,他在显微镜下观察,发现未变质的陈年葡萄酒和啤酒,其液体中有一种圆球状的酵母细胞,当葡萄酒和啤酒变酸后,酒液里有一根根细棍似的乳酸杆菌,就是这种"坏蛋"在营养丰富的啤酒里繁殖,使啤酒"生病"。

他把封闭的酒瓶放在铁丝篮子里,泡在水里加热到不同的温度,试图杀死了乳酸杆菌,而又不把啤酒煮坏,经过反复多次的试验,他终于找到了一个简便有效的方法:只要把酒放在五六十摄氏度的环境里,保持半小时,就可杀死酒里的乳酸杆菌,这就是著名的"巴氏消毒法"。这个方法至今仍在使用,市场上出售的消毒牛奶就是用这种办法消毒的。

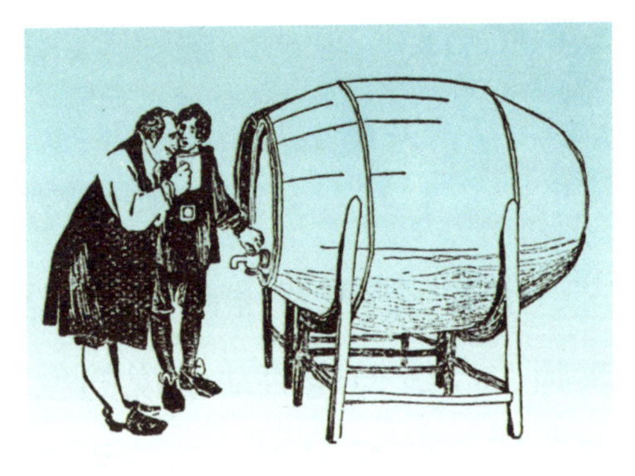

当时,啤酒厂厂主不相信巴斯德的这种办法,巴斯德不急不恼,他把一些样品加热,另一些不加热,告诉厂主耐心地待上几个月,结果经过加热的样品打开后酒味醇正,而没有加热的已经酸了。

路易斯·巴斯德在实验中

到死也要搞研究——巴甫洛夫

荣获诺贝尔奖

伊万·彼德罗维奇·巴甫洛夫是俄国生理学家、心理学家、医师、高级神经活动学说的创始人、高级神经活动生理学的奠基人、条件反射理论的建构者，也是传统心理学领域之外而对心理学发展影响较大的人物之一，曾获诺贝尔奖。

1849 年 9 月 26 日，巴甫洛夫出生在俄国中部小城梁赞，他的父亲是位乡村牧师，母亲是一位牧师的女儿，有时在富人家做女佣以贴补家用。

巴甫洛夫是父母的 5 个子女中的长子，自幼养成了负责的个性。从小学习勤奋，兴趣广泛。当时，沙皇亚历山大二世颁布法令，允许家庭贫困但有天赋的孩子免费上学。由于他父亲喜欢看书，家中有许多像赫尔岑、车尔尼雪夫斯基等人的进步著作，在父亲的影响下，他一有空就爬到阁楼上，读父亲的藏书。1860 年，他进入梁赞教会中学。1864 年，巴甫洛夫毕业后进入梁赞教会神学院，准备将来做传教士。19 世纪60年代，俄国一些伟大的革命民主主义者，如赫尔岑、别林斯基、车尔尼雪夫斯基等与社会生活和科学上的反动思想进行着艰苦卓绝的斗争。在此期间，从皮萨列夫的文章《动植物世界的进步》中，他知道了达尔文的进化论，并受到当时著名生理学家谢切诺夫于 1863 年出版《脑的反射》一书影响，对自然科学发生兴趣，逐渐放弃神学。这些革命先驱的思想，深深影响了巴甫洛夫。尽管巴甫洛夫出身于宗教家庭，但他本人既不想像父亲一样一辈子当一个牧师，也不相信上帝的存在。

1870 年，他和弟弟一起考入圣彼得堡大学，先入法律系，后转到物理数学系自然科学专业。谢切诺夫当时正是这里的生理学教授，而年轻的门捷列夫则是化学教授。巴甫洛夫在大学的前两年表现平凡，在大学三年级时上了齐昂教授所开授的生理学，对生理学和实验产生了浓厚兴趣，找到了所要主修的学科从此投入生理学的研究。为了使实验做得得心应手，他不断练习用双手操作，渐渐地相当精细的手术他也能迅速完成。齐昂教授很欣

巴甫洛夫雕塑

赏他的才学，常常叫他做自己的助手。

在齐昂的指导下，1874 年，他和同学阿法纳西耶夫完成了第一篇科学论文《论支配胰腺的神经》，获得研究金质奖章。

巴甫洛夫

大学期间，尽管他和弟弟学习优异并且年年获得奖学金，但是生活还是比较清贫，需要给别人做家庭教师才能维持日常生活。为了节省车费，他们每天都要走很远的路。巴甫洛夫在大学里以生物生理课为主修课，学习十分刻苦，巴甫洛夫不懂就问，每次手术都做得又快又好，渐渐地有了名气。巴甫洛夫四年级时，在老师的指导下和另一个同学合作，完成了关于胰腺的神经支配的第一篇科学论文，获得了学校的金质奖章。

因为在生理学上投入时间太多，大学最后一年，他主动要求留级。1875 年，巴甫洛夫获得了生理学学士学位。再进外科医学学院攻读医学博士学位，以使将来有资格去主持生理学讲座。在此期间，他成了自己老师的助教。1878 年，他应俄国著名临床医师波特金教授的邀请，到他的医院主持生理实验工作。实验室的条件很艰苦，巴甫洛夫却在那里工作了十余年。在那里，他主要研究血液循环、消化生理、药理学方面的有关问题。1879 年，巴甫洛夫从医学院毕业并获四年的奖学金，31岁的他和教育系的学生谢拉菲玛结婚，婚后妻子把他们的生活料理得井然有序，巴甫洛夫不仅能安心工作，也能好好休息。

1878年至1890年，巴甫洛夫重点研究血液循环和神经系统作用的问题。当时，神经系统对于许多器官的支配作用和调节作用还没有被人们清楚地认识。在极为恶劣的工作条件下，巴甫洛夫坚持研究。他发现了胰腺的分泌神经。不久，他又发现了温血动物的心脏有一种特殊的营养性神经，这种神经只能控制心跳的强弱，而不影响心跳的快慢。

科学界人士把这种神经称为“巴甫洛夫神经”。巴甫洛夫自此开辟了生理学的一个新分支——神经营养学。1883年，他写成《心脏的传出神经支配》的博士论文，并获得帝国医学科学院医学博士学位、讲师职务和金质奖章。

1884年至1886年，他赴德国莱比锡大学路德维希研究室进修，继续研究心脏搏动的影响机制。此时，他提出心脏跳动节奏与加速是由两种不同的肌肉进行的，而且是由两种不同的神经控制的。1886年，巴甫洛夫自德国归来，重回大学的实验室，继续进行狗的“心脏分离手术”。1887年，他逐渐将研究的方向转向人体的消化系统。从1888年开始，巴甫洛夫对消化生理进行了研究。他发明了新的实验方法——不用被麻醉的动物做急性实验，每次实验完了，动物也就死掉了，而是用健康的动物

巴甫洛夫雕塑

做慢性实验，从而能够长期观察动物的正常生理过程。他还创造了多种外科手术，把外科手术引向整个消化系统，彻底搞清了神经系统在整个消化过程中的主导作用。他还发现，分布在胃壁上的第十对脑神经（迷走神经）与胃液的分泌有关。用同样的方法分泌胃液，若切断迷走神经，就不再分泌。但如果不假饲，只刺激迷走神经，也能分泌胃液。是什么东西对迷走神经产生了刺激？

巴甫洛夫

原来，味觉器官感受到了食物刺激，便会通过神经传给大脑，通过大脑传给迷走神经让胃液分泌。这就是条件反射学说。他因此获得了诺贝尔的生理学或医学奖。他是第一个享受这个荣誉的俄国科学家。

从1903年起，巴甫洛夫连续30多年致力于高级神经活动的研究。通过长时间的研究，他发现了大脑皮层机能的活动规律。巴甫洛夫创立的动物和人类高级神经活动的学说，给唯心主义心理学以致命的打击，为创立科学的唯物主义心理学奠定了基础。晚年的巴甫洛夫转向精神病学的研究，认为人除第一信号系统，即对外部世界直接影响的反应外，还有第二信号系统，即使人的高级神经活动发生重大变化的语言。巴甫洛夫的第二信号系统学说解释了人类所特有的思维生理基础。

俄国十月革命的初期，俄国人民生活极端贫困，但巴甫洛夫并未停止研究。巴甫洛夫是专心投入学术研究的典型学者，只专心研究，不注意衣食住行的生活细节。他结婚时即同他妻子约定，不饮酒、不打牌、不应酬，每年9月至次年5月，每周工作7天，只有暑假陪妻子到乡下度假。70岁以后，巴甫洛夫每天仍乘电车上班，有一次电车尚未停稳，他就从车上跳下来，跌倒在地，路旁一位老妇人惊讶地说："天啊，看这位天才科学家连电车都不会搭！"巴甫洛夫的工作热忱一直维持到逝世为止，最后他在病中挣扎起床穿衣时，因体力不支倒在床上逝世。

巴甫洛夫逝世后，苏联政府在他的故乡梁赞建造了巴甫洛夫纪念馆，并设立了纪念碑。

相关研究贡献

巴甫洛夫在学术上的贡献，主要在于三方面：心脏的神经功能、消化腺的生理机制、条件反射研究。对以后心理学发展影响最大的是由他的条件反射研究所演变成的经典条件作用学习理论。

条件反射的实验

条件反射是巴甫洛夫在研究狗的消化腺分泌时意外发现的。用开刀手术在狗的腮部唾腺位置连接一根导管，引出唾液，并用精密仪器记录唾液分泌的滴数。实验时给狗喂食，并随时观察其唾液分泌情形。在此实验过程中，巴甫洛夫意外地发现，除食物外，在食物出现之前的其他刺激，如送食物来的人员或其脚步声等，也会引起狗的唾液分泌。

巴甫洛夫根据谢切诺夫发表的《脑的反射》中的理论，在 1901 年将狗对食物之外的无关刺激引起的唾液分泌现象，称为“条件反射”。所谓条件反射，是指在某种条件下，非属食物的中性刺激也与食物刺激同样引起脑神经反射的现象。从 1901 年起，巴甫洛夫专心从事条件反射实验研究，直到 1936 年逝世为止，长达 35 年之久。

巴甫洛夫发现条件反射现象之后，他原本有意称条件反射现象为“精神反射”，后来改称为“条件反应”。他以后的实验研究，继续采用与食物无关的各种刺激如，灯光、铃声、拍节声等，实验观察狗的唾液分泌，并分别定出四个名称：引起唾液分泌的刺激（指食物）称为“无条件刺激”；食物引起的唾液分泌称为“无条件反应”；食物之外的刺激称为“条件刺激”；食物之外刺激引起的反应称为“条件反应”。

巴甫洛夫在心理学界之所以会享有盛名，首先是由于他关于条件反射的研究，而这种研究却始于他的老本行——消化研究。正是狗的消化研究实验将他推向了心理学研究领域，虽然在这一过程中他的内心也充满了激烈的斗争，但严谨的治学态度终于还是使他冒着被同行责难的威胁，将生理学研究引向了当时并不那么光彩的心理学领域。而后来，该项研究的成果——条件反射理论又被行为主义学派所吸收，并成为制约行为主义的最根本原则之一。

巴甫洛夫对心理学界的第二大贡献在于他对高级神经活动类型的划分，而这同样始于他对狗的研究。他发现，有些狗对条件反射任务的反应方式和其他狗不一样，因而他开始对狗进行分类，后来又按同样的规律将人划分为四种类型，并和古希腊人提出的人的四种气质类型对应起来。由此，他又向心理学领域迈进了一步。

到老年的时候，巴甫洛夫对心理学的态度有了松动，他认为，只要心理学是为了探讨人的主观世界，自然就有理由存在下去，但这并不表明他愿意把自己当作一位心理学家。直到弥留之际，他都念念不忘声称自己不是心理学家。尽管如此，鉴于他对心理学领域的重大贡献，人们还是违背了他的“遗愿”，将他归入了心理学家的行列，并由于他对行为主义学派的重大影响而视其为行为主义学派的先驱。

巴甫洛夫雕塑

医学巨匠——罗伯特·科赫

医学界的泰斗

1905 年,伟大的德国医学家、大名鼎鼎的罗伯特·科赫以举世瞩目的开拓性成绩，问心无愧地摘走了诺贝尔生理学或医学奖。科赫的获奖,与另一位德国人伦琴获得首届诺贝尔物理学奖的时间仅相隔 4 年。

众所周知,传染病是人类健康的大敌。从古至今,鼠疫、伤寒、霍乱、肺结核等许多可怕的病魔夺去了无数人类的生命。人类要战胜这些凶恶的疾病,首先就要弄清楚致病的原因。而第一个发现传染病由病原细菌感染造成的人就是罗伯特·科赫,他堪称世界病原细菌学的奠基人和开拓者。

罗伯特·科赫出生于德国哈茨附近的克劳斯特尔城,是一名矿工的儿子,从小热爱生物学。在研究炭疽病的过程中,他第一次向世人证明了一种特定的微生物是特定疾病的病原。他从小就表现出开拓者的远大志向。有一天,科赫的父母在清点他们的13 个子女时,发现儿子科赫不见了。后来,焦急万分的母亲终于在一个小池塘边上找到了他们的儿子。这时，小科赫正蹲在池塘边聚精会神地看着一只漂浮在水面的小纸船。当母亲不解地问他在干什么时，小科赫回答道："妈妈，我要当一名水手，到大海去远航……"

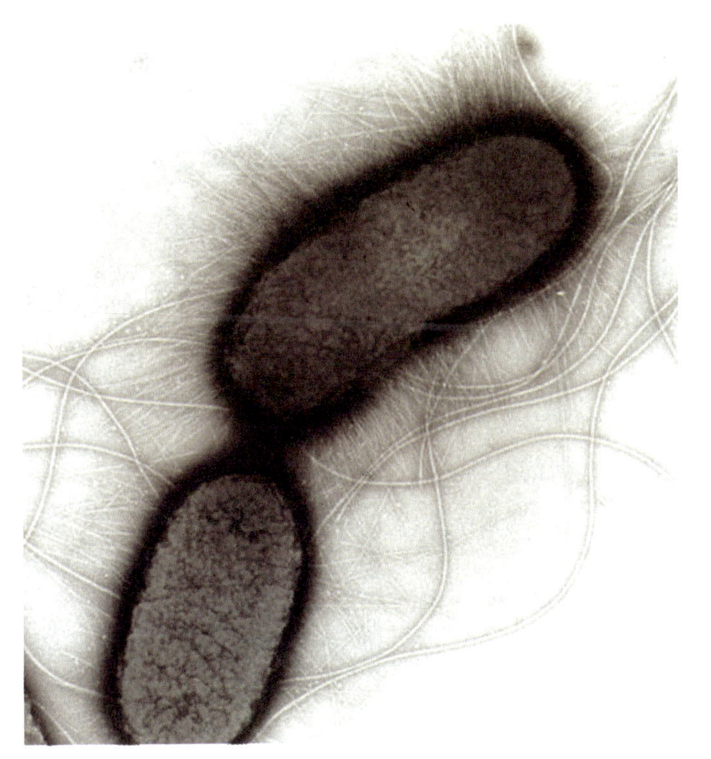

显微镜下的细菌

在科赫7岁那年，克劳斯特尔城的一位牧师因病去世，小科赫向前往哀悼的母亲提出了一连串的问题："牧师得了什么病？难道绝症就治不好吗？"……母亲无法回答小科赫的提问。这件事在年幼的科赫心中留下了深刻的印象，并使他立志将来献身于征服病魔的医学事业，治好母亲认为无法医治的绝症。正是凭着这股开拓志向，科赫在病原细菌学方面做出了非凡的贡献。

细菌照相法

科赫是世界病原细菌学的奠基人和开拓者。他为研究病原微生物制订了严格的准则，被称为科赫法则，包括：第一，这种微生物必须能够在患病动物组织内找到，而未患病的动物体内则找不到；第二，从患病动物体内分离的这种微生物能够在体外被纯化和培养；第三，经培养的微生物被转移至健康动物体内后，动物将表现出感染的征象；第四，受感染的健康动物体内又能分离出这种微生物。他还创立了固体培养基划线分离纯种法。

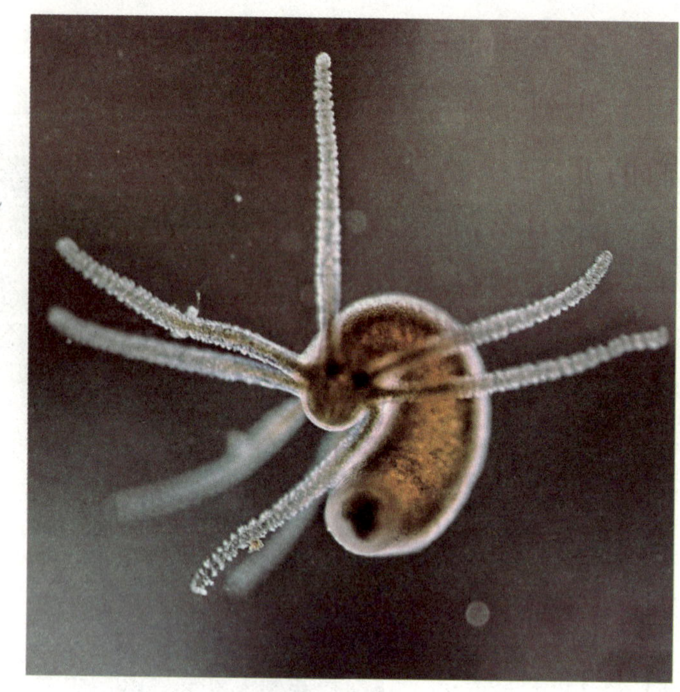

微观细菌生物

以上这些，足以向世人展示科赫对医学事业所做出的开拓性贡献，也使科赫成为在世界医学领域中令德国人骄傲无比的泰斗巨匠。

科赫在汉勒、达万等人的医学科学研究基础上，发明了用固体培养基的细菌纯培养法，第一次培养和分离出炭疽杆菌，又在271号样品中发现了结核分枝杆菌，并认为该菌是引起各型结核病的病原。

1882年3月24日，在柏林生理协会的会议上，他宣读了自己发现结核分枝杆菌的论文，所有与会者无一提出批评和异议。这一天成了人类医学史上的一个重要里程碑。此后，他又发现了霍乱弧菌，找到了霍乱病交叉感染的途径和治疗控制的方法。他还揭开了鼠蚤传播腺鼠的秘密，很快控制了腺鼠疫的流行。

1890 年，他发现了结核菌素。在科赫身边，差不多每天都有新的细菌学奇迹出现，他被后人尊为细菌学鼻祖，被授予德国皇冠勋章，并因结核病研究获诺贝尔生理学或医学奖。

1873 年，在科赫 30 岁生日那天，他的夫人用全部积蓄买了一台显微镜送给科赫作为生日礼物，从此科赫把业余时间全部花在显微镜上，潜心研究细菌与疾病的关系。

1876 年，他分离出炭疽杆菌，这是人类第一次证明一种特定的细菌是引起一种特定的传染病的病因。1880 年他分离出伤寒杆菌。1881 年，发现了霍乱弧菌。1882 年 3 月 24 日，他又分离出结核分枝杆菌，并在柏林的一次医学年会上宣布了分离出结核分枝杆菌，这在医学上是一次伟大的发现，那时他只有 39 岁。后来，他又发明了结核菌素，给严重危害人类健康的结核

罗伯特·科赫

病的防治做出了伟大的贡献。1882 年 4 月 10 日，科赫在《临床周报》上发表了论文《结核病病原学》。

科赫不仅发现了许多病原体，而且许多细菌学研究的基本原则和技术都是他奠定的。有人统计过，科赫在医学宝库中，曾增添了近 50 种诊治人和动物疾病的方法。在当时人们的心目中，科赫成了传染病的克星。1905 年，科赫荣获诺贝尔生理学或医学奖。

1910 年 5 月 27 日，在德国巴登的一个疗养院里，这位 65 岁的老人由于过度劳累心脏病发作，坐在一张椅子上静静地与世长辞了。即便这时，他身边仍然带着他那台心爱的显微镜。有一首纪念诗写道：“从这微观世界中，涌现出这颗巨星。您征服了整个地球，全世界人民感谢您。献上花环不凋零，世世代代留美名。”

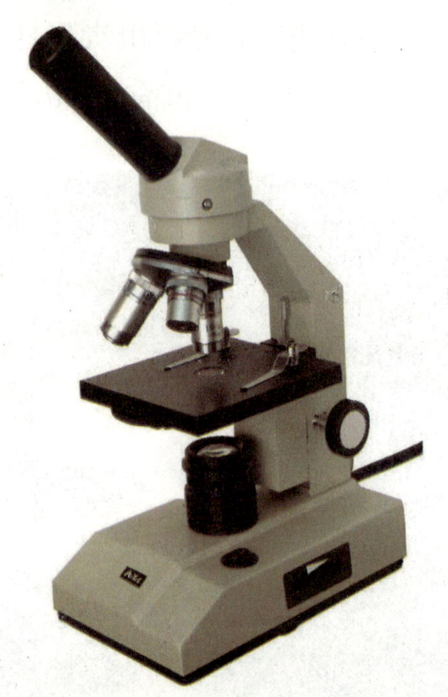

现代显微镜

在人类历史发展的长河中，人类为征服自然界，包括各种“不治之症”，演出了许多可歌可泣的故事。

据史料记载，危害人类的鼠疫，在世界上曾经发生了三次大流行，每次大流行都夺走了亿万无辜的生命，到处是“东死鼠，西死鼠，人见死鼠如见虎！鼠死不几日，人死如圻堵……”的悲凉景象。

肺结核，我国古称“痨病”。曾被视为绝症，一旦染上，几

罗伯特·科赫邮票

乎没有康复的希望。此外，霍乱、炭疽、昏睡病，都曾给人类带来严重的灾难。然而，人类的本质力量在于征服自然。在人类同各种疾病的斗争中，科赫是最杰出的科学家之一。1905 年，他因研究结核病，发现结核分枝杆菌与结核菌素而荣获诺贝尔生理学或医学奖。但这只是他工作中的一小部分，他一生的工作奠定了医用细菌学的基础，为人类征服结核、炭疽、霍乱、鼠疫等危害极大的传染性疾病立下了不可磨灭的功勋，被人们誉为“瘟疫的克星”。

科赫由于研究细菌所取得的成绩而饮誉德国。1880 年，他转到柏林帝国医院工作。随后他研制出了重要的细菌学技术，即用固体培养基进行的细菌纯培养法。这种方法解决了用液体培养基培养细菌时，各种细菌混合生长在一起而难以分离的矛盾。

在固体培养基表面，一个孤立的细菌固定地在培养基的某一点上生长，不断地分裂，形成一个个可见的菌斑，这些菌班是一团聚在一起的同一品种的菌落，然后可以把这些菌落很方便地移种到其他的培养基上或接种到动物体内。

科赫通过纯培养法否定了微生物形态变幻莫测的多态性学

派的观点，但是他认为微生物的形态是永恒不变的观点，则是片面性的。为了清晰地观察细菌的形态，科赫还发明了用苯胺对细菌进行染色的细菌染色法。同时，他还发明了带照相机的显微镜，能够直接拍摄所看到的细菌。

通过一系列的研究，科赫提出了一个确定病原菌的重要准则——科赫定理，即在患病的生物体内能够找到一种致病的微生物，这种微生物能够提取并接种到健康的同种动物体内引起相同的病症，新染上疾病的动物，一定能提取与先前接种的相同的微生物。

罗伯特·科赫

科赫为保护人类的健康付出了毕生的心血。晚年时，他因心脏病住进巴登巴登温泉疗养院，在疗养期间，他还念念不忘细菌学研究。

1910 年 5 月 17 日，科赫在疗养院逝世。他的功绩将永远激励人们去开辟战胜疾病的新天地！

发现血型秘密
——卡尔·兰德斯坦纳

人类血型的特征

卡尔·兰德斯坦纳，美籍奥地利裔著名医学家，生于奥地利首都维也纳，1929 年加入美国国籍。兰德斯坦纳是第一位研究免疫的物理过程的科学家。他因发现了人类的 A、B、O 三种血型特征而于 1930 年获得诺贝尔生理学或医学奖。但是，作为一个多产的科学家，他主要的贡献是在免疫学、细菌学和病理学领域。

兰德斯坦纳在动物实验中识别了与免疫反应有关的作用剂，检测了抗原和抗体的反应，并研究了过敏反应。他测定了骨髓灰质炎的病毒性起因，该项研究也为骨髓灰质炎疫苗的最终制成奠定了基础。他也发现了很多简单的化学制剂，这些化学制剂一旦与蛋白质接触，就会产生免疫反应。

1940 年，兰德斯坦纳和亚历山大·所罗门·维纳发现了 Rh 因子，这项发现拯救了很多从母亲那里得到不匹配的 Rh 因子胎儿的生命。

2001 年，在南非约翰内斯堡举办的第八届自愿无偿献血者招募国际大会上，世界卫生组织、红十字会与红新月会国际联合会、国际献血组织联合会、国际输血协会四家旨在提高全球血液安全的国际组织联合倡导下，将兰德斯坦纳的生日——每年的 6 月 14 日定为“世界献血者日”，建议从 2004 年起正式推行，这为全球统一庆祝活动提供了特别的机会。

兰德斯坦纳于 1868 年 6 月 14 日生于奥地利的首都维也纳。他的父亲是一位知名的维也纳新闻工作者。他们一家居住在维也纳中上阶层居住的城郊。当兰德斯坦纳六岁的时候，他父亲因心脏遭受重创去世，兰德斯坦纳由他母亲抚养长大。

1885 年，当兰德斯坦纳 17 岁时，他通过了维也纳大学医学院的入学考试。正是在这里，他对化学研究表现出了极大的兴趣。他 20岁时，因为必须到军队服役，不得不暂停一年的学习。兰德斯坦纳23岁时，从医学院毕业。

卡尔·兰德斯坦纳

1902 年，兰德斯坦纳的两名学生把实验范围扩大到155 人，发现除了A、B、O 三种血型，还存在着一种较为稀少的第四种血型，后来称为“AB”型。

1927 年，经国际会议公认，采用兰德斯坦纳原定的字母命名，即确定血型有 A、B、O、AB 四种类型，至此现代血型系统正式确立。兰德斯坦纳也因贡献重大，在1930 年获得诺贝尔生理学奖或医学奖。

卡尔·兰德斯坦纳

兰德斯坦纳的这一研究成果找到了以往输血失败的主要原因，为安全输血提供了理论指导。但在当时，许多人并没有看清楚这项科学发现在医学上的重要意义，所以兰德斯坦纳并没有因此而扬名。直到 8 年后，一个偶然的事件才使他声名大噪。

1908 年，兰德斯坦纳离开了维也纳病理研究所，到威海米娜医院当医生，这是他幼年时常去玩的一家医院。

1908年春天的一个上午，威海米娜医院的大厅里传来一位妇人的痛哭声，兰德斯坦纳正好从这里经过，便驻足观看，原来是她的孩子发烧，几天后又出现下肢瘫痪，对此医生都毫无办法，他们认为这是一种不治之症，无能为力。在绝望的情况下，妇人除痛哭外还有什么办法呢？

兰德斯坦纳仔细地检查了一下患儿，似乎觉得并非只有死路一条，因为根据他多年研究的结果，从理论上讲治疗这种病是有一定依据的，只是还没有成功的经验。兰德斯坦纳将这种情况告诉了患儿的母亲，已经绝望的母亲似乎又看到了一丝希望，她决定让兰德斯坦纳试一试。兰德斯坦纳运用血清免疫的原理，把病人的病原因子输到一只猴子身上，等待猴子产生抗体之后，再把猴子的血制成含有一种抗体的血清，将这种血清接种到病人身上，生病的孩子很快就被救治了。

卡尔·兰德斯坦纳邮票

兰德斯坦纳从此出了名。奥地利医学界人士承认他很有才能，维也纳大学聘请他为病理学教授。但兰德斯坦纳最关心的还是血型研究。他的工作在奥地利不受重视，他辗转到了美国的洛克菲勒医学院做研究员。

医学改进

在当时，以 A、B、AB、O 四种血型进行输血，偶尔还会发生输同型血后自然产生溶血现象。这对病人的生命安全是一个极大的威胁。

1927 年，兰德斯坦纳与美国免疫学家菲利普·列文共同发现了血液中的 M、N、P 因子，从而比较科学、完整地解释了某些多次输同型血发生的溶血反应和妇产科中新生儿溶血症的问题。

兰德斯坦纳对于人类血型的杰出研究成果不仅为安全输血和治疗新生儿溶血症提供了科学的理论基础，而且对免疫学、遗传学、法医学都具有重大意义。

“苏格兰老古董”——弗莱明

弗莱明的医学道路

亚历山大·弗莱明，英国微生物学家。1881 年 8 月 6 日出生于苏格兰基马尔诺克附近的洛克菲尔德。

13 岁时随其兄去伦敦做工，由于意外地得到姑父的一笔遗产，而进入伦敦大学圣玛丽医学院学习，1906 年毕业后留在母校的研究室，帮助其师赖特博士进行免疫学研究。

1918 年弗莱明返回圣玛丽医学院，加紧进行细菌的研究工作。1922 年他发现了一种叫“溶菌酶”的物质，发表了《皮肤组织和分泌物中所发现的奇特细菌》的报告。

弗莱明

1929 年弗莱明在《不列颠实验病理学杂志》上，发表了《关于霉菌培养的杀菌作用》

弗莱明

的研究论文，但未引起人们的注意。弗莱明指出，青霉素将会有重要的用途，但他自己无法发明一种提纯青霉素的技术，致使此药十几年一直未得以使用。

1939 年，在英国的澳大利亚人瓦尔特·弗洛里和德国出生的鲍利斯·钱恩，重复了弗莱明的工作，证实了他的结果，然后提纯了青霉素，1941 年给病人使用成功。在英美政府的鼓励下，很快找到大规模生产青霉素的方法，1944 年英美公开在医疗中使用。1945 年以后，青霉素遍及全世界。1945 年，弗莱明、弗洛里和钱恩共获诺贝尔生理学及医学奖。1943 年弗莱明成为英国皇家学会院士，1944 年被赐予爵士；1915 年弗莱明结婚，儿子是个普通的医生，夫人于 1949 年去世；1953 年再次结婚；1955 年 3 月 11 日与世长辞，安葬在圣保罗大教堂。匈牙利于 1981 年发行了弗莱明诞生 100 周年的纪念邮票。

1901 年，在弗莱明 20 岁时，他的一个终身未婚的舅舅去世，留下了一笔较为可观的遗产，弗莱明分到了 250 英镑。汤姆敦促他善加利用这笔财富，建议他学习医学。此后，弗莱明通过 16 门功课的考试，获得进入圣玛丽医院附属医学院的资格。而他选择这所学校的原因，则是工作期间，他曾和来自这个学院的水球队比赛过。学习期间，弗莱明获得了学校提供的各种名目的奖学金。

1906 年 7 月，他通过了一系列测试，获得了独立开诊所的资格。但他的人生命运被约翰·弗里曼所改变，弗里曼是赖特手下的高年资助理，他两头游说，最终弗莱明并不十分情愿地成为接种部的低年资助理。说弗莱明并不情愿的主要理由是，1908 年，弗莱明参加与他工作无关的更高等级的一系列测试，并获得一枚金牌，以及为了获得外科医生资格认证，他又找了一份外科住院医生的工作，没有在接种室做全职。1909 年，他通过了测试，获得外科医生资格。但就此以后，他和外科就再也没有关系了。

没有人知道弗莱明为何最终留在了赖特身边，或许这和赖特的宽容有关。在当时的情况下，学术权威通常不支持自己的

弗莱明博物馆

助手按照自己的兴趣独立进行科学研究。而就在1909年,弗莱明独自开始了尝试对痤疮进行免疫接种的研究，并成功改良了梅毒的烦琐检测程序。另外，他也是那个时代少数掌握了静脉注射这一先进技术的医生,在伦敦,几乎只有他能为梅毒患者注射最新治疗药物——六〇六，所有这一切都为他带来了学术上的初步声誉。当然他也未脱离赖特的研究范围,在其指导下做了有关吞噬细胞、调理素、伤寒菌等一系列研究工作。

其后，第一次世界大战爆发，赖特率领他的研究小组奔赴法国前线，研究疫苗是否可以防止伤口感染。这给了弗莱明一个极其难得的系统学习致病细菌的好机会。在那里他还验证了自己的想法，即在含氧高的组织中，伴随着氧气的耗尽，将有利于厌氧微生物的生长。另外他和赖特证实用杀菌剂消毒创伤的伤口，事实上并未起到好的作用，细菌没有真正被杀死，反倒把人体吞噬细胞杀死了，伤口更加容易发生恶性感染。

弗莱明

弗莱明

他们建议使用浓盐水冲洗伤口，这项建议直到“二战”时期才被广泛采纳。但冲洗要尽早进行，如果伤口已经严重感染，浓盐水也没有什么效果。此外他还和其他同事一起做了一系列其他研究，比较重要的有两个。他做了历史上第一个院内交叉感染的科学研究，如今院内感染是个非常受重视的问题。另外他还推动了输血技术的改良，作了有关柠檬酸钠的抗凝作用和钙的凝血作用的研究，并利用新技术给100名伤员输血，全都获得成功。

1921年11月，弗莱明患上了重感冒。在他培养一种新的黄色球菌时，他索性取了一点鼻腔黏液，滴在固体培养基上。两周后，当弗莱明在清洗前最后一次检查培养器皿时，发现一个有趣现象。培养基上遍布球菌的克隆群落，但黏液所在之处没有，而稍远的一些地方，似乎出现了一种新的克隆群落，外观呈半透明，如玻璃般。弗莱明一度认为这种新克隆是来自他鼻腔黏液中的新球菌，还开玩笑的取名为A.F（他名字的缩写）球菌。而他的同事则认为更可能是空气中的细菌污染所致。很快他们就发现，这所谓的新克隆根本不是一种什么新的细菌，而是由于细菌溶化所致。

1921 年 11 月 21 日，弗莱明的实验记录本上，写下了抗菌素这个标题，并素描了三个培养基的情况。第一个即为加入了他鼻腔黏液的培养基，第二个则是培养的一种白色球菌，第三个的标签上则写着“空气”。第一个培养基重复了上面的结果，而后两个培养基中都长满了细菌克隆。

很明显，到这个时候，弗莱明已经开始做对比研究，并得出了明确的结论，鼻腔黏液中含有“抗菌素”。随后他们又发现，几乎所有体液和分泌物中都含有“抗菌素”，甚至指甲中，但通常汗水和尿液中没有。他们也发现，热和蛋白沉淀剂都可破坏其抗菌功能，于是他推断这种新发现的抗菌素一定是一种酶。当他将结果向赖特汇报时，赖特建议将它称为溶菌酶，而最初的那种细菌如今被称为滕黄微球菌。

为了进一步研究溶菌酶，弗莱明曾到处讨要眼泪，以至于，一度同事见了他都避让不及，而这件事还被画成卡通画登在了报纸上。1922 年 1 月，他们发现鸡蛋的蛋清中有活性很强的溶菌酶，这才解决了溶菌酶的来源问题。1922 年稍晚些的时候，弗莱明发表了第一篇研究溶菌酶的论文。弗莱明和他的助手，对新发现的溶菌酶又做了持续 7 年的研究，但结果让人失望，这种酶的杀菌能力不强，且对多种病原菌都没有作用。

就这样，弗莱明一直在重复研究，同时也养成了一个习惯：即便那些本不是为了观察变异菌落所做的正常培养基，也要在清洗之前，先在室温下放置较长时间，做最后一次观察，试图以此发现新的变异菌落。在一次清洗前，弗莱明发现培养基边缘有一块因溶菌而显示的惨白色，因此发现青霉素，并于 1929 年 6 月发表《关于霉菌培养的杀菌作用》的论文，最终使其获诺贝尔奖的论文。

在这十年中，弗莱明只发表了两篇有关青霉素的研究论文。但他的实验记录却显示，在这十年中，弗莱明并未完全停止青霉素的研究。事实上，他做过青霉素粗提物的家兔及小白鼠静脉注射研究。但在用天竺鼠做口服实验时，出现了极高的致死率，现在知道这是肠道正常菌丛被杀死所致。这可能打击了弗莱明的信心，毕竟这世界上很多早期发现的抗菌素，最后发现没有什么治疗价值。另外，弗莱明还是世界上第一个发现葡萄球菌接触了青霉素后，可快速产生抗性的人，这可能更打击了他的信心，但可惜这些发现他都没有发表。而青霉素极难提取，且活性不稳定，所有这些都是弗莱明自己无法解决的。

应该说，弗莱明所发现的青霉素在当时未引起重视，除了他

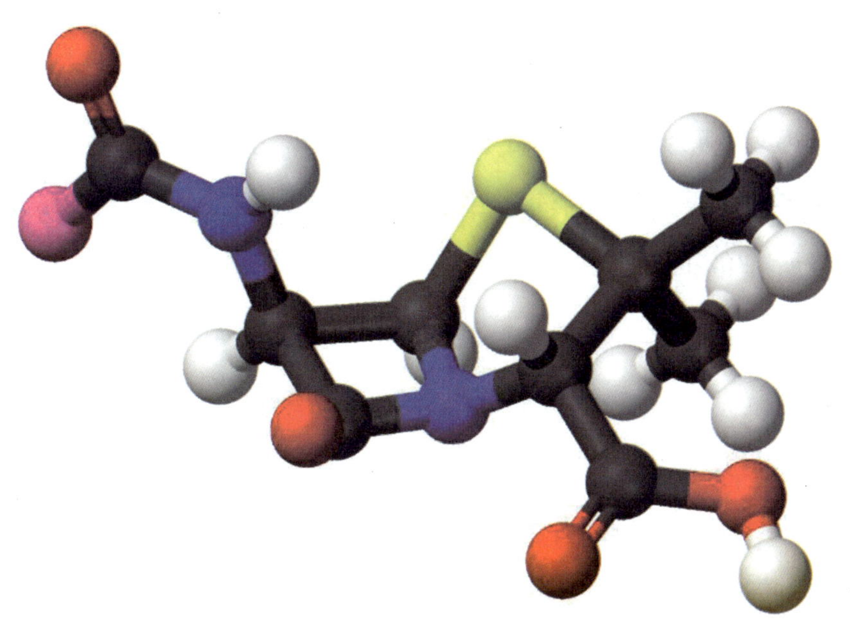

青霉素结构图

弗莱明雕像

所在医院的门诊部有一群追随者，在尝试利用青霉素粗提物，治疗眼部感染和疖子这样的皮肤病。有史可查的是在1932年，非弗莱明所在医院的一个医生，也尝试过用青霉素的粗提物治疗眼疾，并取得很好的效果。虽然，弗洛里研究过溶菌酶，但当这位医生向后来牛津小组的领导人弗洛里汇报时，当时的弗洛里对青霉素毫无兴趣。直到1939年，钱恩系统地查阅文献，并极力推荐青霉素后，弗洛里才转变态度。牛津小组最初的菌种来源，就是1929年，弗莱明交给弗洛里的前任主任的菌种。

1940年，弗莱明因是青霉素的发现者，开始名动一时，但他始终在各种重要场合的演讲中，将青霉素的诞生完全归功于牛津小组所作的研究。

人物的特性

尽管弗莱明曾遭受非议，但毋庸置疑的是，青霉素已挽救了数以百万计人的生命，并且将来肯定还将继续挽救更多的人，这其中大部分荣誉还是应当归功于弗莱明，是他完成了最重要的发现。正如牛津病理学系主任哈里斯所说："没有弗莱明，不会有钱恩及弗洛里。没有钱恩，不会有弗洛里。没有弗洛里，不会有希特利。没有希特利，则不会有盘尼西林。”

弗莱明是一个脚踏实地的人。他不尚空谈，只知默默无言地工作。起初人们并不重视他。他在伦敦圣玛丽医院实验室工作时，那里许多人当面叫他弗莱明，背后则嘲笑他，给他起了一个外号叫“苏格兰老古董”。

有一天，实验室主任赖特爵士主持例行的业务讨论会，一些实验工作人员口若悬河，哗众取宠，唯独弗莱明一直沉默不语。赖特爵士转过头来问道：“弗莱明，你有什么看法？”“做。”弗莱明只说了一个字。他的意思是说，与其这样不着边际地夸夸其谈，不如立即恢复实验。到了下午五点钟，赖特爵士又问他：“弗莱明，你现在有什么意见要发表吗？”“茶。”原来，喝茶的时间到了。这一天，弗莱明在实验室里就只说了这两个字。

弗莱明蜡像

希腊医学大师——盖伦

“进入身体的窗”

盖伦出生于一个小亚细亚爱琴海海边的一个建筑师家庭，他对农业、建筑业、天文学、占星术和哲学感兴趣，但后来他将自己的精力集中在医学上。他早年跟随当地柏拉图学派的学者学习，17岁时跟随一位精通解剖学的医生学习医学知识，在古罗马时期，医学被认为是一门实用的科学，因此盖伦等医学家相对受到了重视。20岁时他成为当地阿斯克勒庇俄斯神庙的一个助手祭司。148年或149年盖伦的父亲去世了，于是他选择外出求学。他在今天的伊兹密尔、科林斯和亚历山大共就学十二年。157年他返回别迦摩并在当地的一个角斗士学校当了三四年医生。在这段时间里他获得治疗创伤和外伤的经验。后来他将伤称为是“进入身体的窗”。

盖伦是古罗马时期最著名最有影响的医学大师，他被认为是仅次于希波克拉底的第二个医学权威。盖伦是最著名的医生和解剖学家，他一生专心致力于医疗实践解剖研究，写作和各类学术活动。

盖伦的成就与贡献

盖伦将希波克拉底的医学理论一直传递到文艺复兴时期。他的《希波克拉底的元素》描写了基于四元素说上的四气说的哲学系统。从这个理论上他发展了自己的理论。他对瑟尔苏的用拉丁语写的反对的理论基本上一字不提。盖伦的理论与柏拉图的一致，他认为世界是由一个造世者故意建造的。这是为什么他的著作后来这样容易被基督教徒和穆斯林接受。盖伦认为好的医生也应该是哲学家，但他的哲学观点是折中主义的，他接受亚里士多德“在自然中一切都有目的”的观点，认为人体构造，如手上的肌肉和骨骼，都执行事先安排好的功能。

他最成功的研究是解剖学，在罗马人统治的时期，人体解剖

希腊爱琴海

盖伦在研究解剖

是严格禁止的。因此，盖伦只能进行动物解剖实验。他通过对猪、山羊、猴子和猿类等活体动物实验，在解剖学、生理学、病理学及医疗学方面有许多新发现。

他考察了心脏的作用，并且对脑和脊髓进行了研究，认识到神经起源于脊髓。认识到人体有消化、呼吸和神经等系统。他看到猴子和猿类的身体结构与人很相似，因而把在动物实验中获得的知识应用到人体中，对骨骼肌肉做了细致的观察，他还对植物、动物和矿物的药用价值做了比较深入的研究，在他的药物学著作中记载了植物药 540 种，动物药物 180 种，矿物药物 100 种，在药物的研究上也卓有成效。

盖伦在描述性生物学方面做出了重要贡献，他对人体许多系统解剖结构的系统描述及结合解剖构造对血液运动的系统论述，都在生物学史上产生了很大的影响。在哈维建立血注入循环理论之前，他的血液运动理论一直为西方学者所信奉。但是在盖伦的论述中也有许多错误，如他所说的心间隔上有小孔，血液能通过小孔，往返于心脏左右两边。这只是他的猜测，实际根本不存在。

盖伦的许多解剖学和生理学都是建立在错误的结论基础之上的。人们后来发现，盖伦的某些错误之所以产生，是由于他所进行的解剖对象是动物，主要是狗而不是人。他的生理描述往往是脱离了实际，而屈从于宗教神学的需要。后来人们为消除他在解剖学、生理学上的错误影响，曾进行了艰苦的斗争。

直到 16 世纪，盖伦在欧洲已是一个医学权威。学者不对实物进行观察而相信盖伦已经描述了一切可以描述的事物，放血疗法成为一个基本疗法。盖伦认为人的所有疾病都是由于体液的不平衡造成的，体液分为四种，即黏液、黄胆汁、黑胆汁、血液，因此许多治疗方法就是将有病的体液排泄出来，即放血或服用泻药和催吐剂。

第一个严肃地改变这个状况的是维萨里。他的许多著作已经散失，仅存有少量阿拉伯译文本。盖伦最主要的著作是他的 17 卷《人体各部位的作用》。此外他还写了关于哲学和语言学的

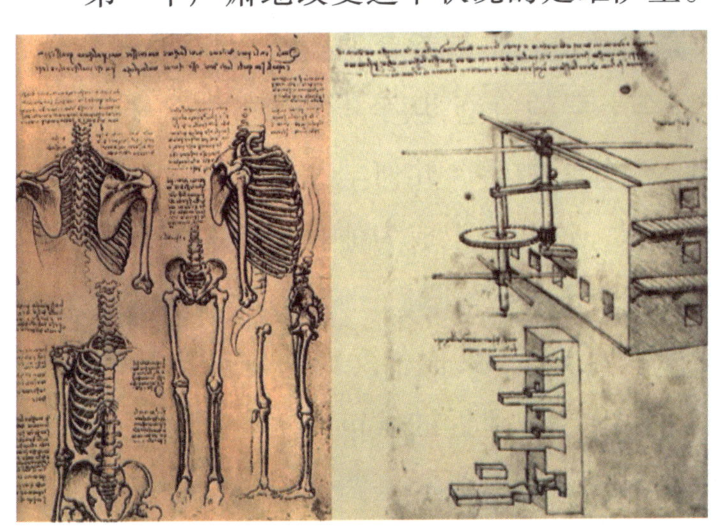

解剖图

著作。他一生写了131部著作，其中《论解剖过程》《论身体各部器官功能》两本书阐述了他自己在人体解剖生理上的许多发现。这些著作既反映了他的学术成就，也反映了他敏锐的观察能力和实践能力。盖伦的著作也是波斯学者，如阿维森纳等的主要学术来源。

盖伦这位著名的古罗马的希腊医生不仅对于中国的平民百姓，即使在医学界人士中，也都非常陌生。然而，提到张仲景则是耳熟能详。其实，他们二人不仅生活在相同的年代，而且分别在古希腊医学和中医学的范畴内被尊为“医圣”，各领风骚达千年以上。

他们的医学理论和实践有许多相似之处，也有一些重大的区别。对他们进行比较可以折射出中西医学不同的发展轨迹。

盖伦本人是希腊人，出生在罗马帝国鼎盛时代的安东尼王朝，它的疆土覆盖着欧亚非三大洲的广大地区。他的出生地是小亚细亚的海岸城市派伽蒙，现属于土耳其，曾经是希腊的殖民地，当时是罗马帝国统治下的一个文化中心。

他的父亲尼康是一位受过良好教育的建筑师，拥有很多财富和土地。出身于社会上层的盖伦，从少年时代就在父亲的指导下学习哲学，尤其是逻辑学、数学、几何学和修辞学，都是当时上流社会子弟的必修课，这些学识成为他日后在医学方面取得重大成就的重要基础。

公元147年，当盖伦18岁时，他的父亲决定让自己的儿子学习医学。此后，他在家乡和附近的城市，以及埃及的亚历山大城，当时的医学中心学习解剖学和医药学。同时开始了医学论文的写作，他的第一本著作是《盖伦论医学经验》。

经过10年刻苦学习，盖伦于公元157年回到故乡派伽蒙，被聘任为“格斗士学校”的外科医生。

在罗马帝国时期，格斗士是一种悲惨职业。在罗马城的格斗场上，他们必须拼个你死我活，才能罢休。然而，在派伽蒙则无法与之相比，“学校”需要设法尽量保全格斗士的性命，以便减轻经济成本。因此，这里的外科医生需要抢救受伤的格斗士，帮助他们免于一死，并迅速恢复健康，以便重新参加格斗。所以，盖伦在创伤外科治疗和康复营养方面获得了丰富的经验，他的解剖学知识也能派上用场。

于是，两年后，他发现了胸部肌肉和横膈膜与呼吸运动的关系，以及喉返神经与发声的关系，并且用猪做实验，证实了自己的发现。盖伦对自己在这五年期间的外科工作颇为满意。多年后，当谈起这段临床工作时，他仍然自豪地说：“这是既没有被我的老师们应用，也未曾在他们的著作中谈过的医学技艺。”

盖伦

公元162年，盖伦首次来到帝国的首都罗马城，原来只是出于游历和学习的目的，结果却停留了4年多，并且在文化界和医学界取得了很高的荣誉，他的病人中包括马可·奥勒留和康茂德两位皇帝、执政官，以及许多达官贵人和社会名流。

然而，使他一鸣惊人而出人头地的工作，却是那些当众演示的动物解剖和生理实验。根据他的临床经验做出的能够准确应验的预后判断，以及在大庭广众面前运用修辞学技巧所进行的逻辑性很强，言辞犀利的辩论。

他所做的关于呼吸、发声、脊髓神经和泌尿等功能的实验震惊四座，然而他在演讲和辩论中所表现的傲慢态度和使用的刻薄语言却深深地激怒和伤害了许多同行，成为他在公元 166 年匆忙地秘密离开罗马，返回家乡的重要原因。

公元 168 年，回到家乡两年后，奥勒留皇帝准备讨伐入侵北部边界的德国人，当时称为高卢人，于是又把盖伦召回罗马，要求他随军出征，但是被盖伦婉言谢绝了。而后皇帝让他留在罗马担任王子康茂德的侍从医生，一同住在罗马南方的皇宫里。

由于吸取了以往的教训，盖伦一改锋芒毕露的作风，保持着缄默低调的生活。他在医疗工作之余，专心致志从事著书立说的工作，成为一位高产的作家。他一生共完成了 300 多部著作，其间，他藏书的“和平神庙”发生大火，一部分著作被烧毁，至今仍有 150 多本著作留传下来。

公元 178 年，奥勒留皇帝逝世，康茂德即位，却于 192 年被暗杀，从而结束了安东尼王朝，进入了战乱频仍、民不聊生的“三世纪危机”时期。此时，盖伦仍然住在罗马，后来回到故乡继续进行写作。

“医学之父”——希波克拉底

希波克拉底是被西方尊为“医学之父”的古希腊著名医生，欧洲医学奠基人，古希腊医师，西方医学奠基人。提出“体液学说”，他的医学观点对以后西方医学的发展有巨大影响。

希波克拉底提出“体液学说”，认为人体由血液、黏液、黄疸和黑疸四种体液组成，这四种体液的不同配合使人们有不同的体质。他把疾病看作是发展着的现象，认为医师所应医治的不仅是病而是病人；从而改变了当时医学中以巫术和宗教为根据的观念。主张在治疗上注意病人的个性特

希波克拉底纪念邮票

征、环境因素和生活方式对患病的影响。重视卫生饮食疗法，但也不忽视药物治疗，尤其注意对症治疗和预防。他对骨骼、关节、肌肉等都很有研究。

医生世家

希波克拉底出生于小亚细亚科斯岛的一个医生世家，父亲赫拉克莱提斯是一名出色的医生，母亲费娜雷蒂是显贵家族的女儿。在古希腊，医生的职业是父子相传的，所以希波克拉底从小就跟随父亲学医。数年后，独立行医已不成问题，父亲治病的 260 多种药方，他已经能运用自如。

父母去世后，他一面游历，一面行医，为了丰富医学知识，获取众家之长，希波克拉底拜请过许多当地的名医为师，在接触的病人中，他结识了许多著名的哲学家，这些哲学家的独到见解对希波克拉底深有启发，为他提出四体液论提供哲学帮助。

那时，古希腊医学受到宗教迷信的禁锢。巫师只会用念咒文、进行祈祷等办法为人治病，这自然是不会有什么疗效的，病人不仅被骗去大量钱财，而且往往因耽误病情而死去。

公元前 430 年，雅典发生了可怕的瘟疫，许多人突然发烧、呕吐、腹泻、抽筋、身上长满脓疮、皮肤严重溃烂。患病的人接二连三地死去。对这种索命的疾病，人们唯恐避之不及。但此时希腊北边马其顿王国的一位御医——希波克拉底，却冒着生命危险前往雅典救治。他一面调查疫情，一面探寻病因及解救方法。不久，他发现全城只有一种人没有染上瘟疫，那就是每天和火打交道的铁匠。他由此设想，或许火可以防疫，于是他在全城各处燃起火堆来扑灭瘟疫。希波克拉底指出的癫痫病的病因被现代医学认为是正确的，他提出的这个病名，也一直沿用至今。希波克拉底对骨折病人提出的治疗方法，是合乎科学道理的。为纪念他，后人将用于牵引和其他矫形操作的臼床称为“希波克拉底臼床”。

为了抵制“神赐疾病”的谬说，希波克拉底积极探索人的肌体特征和疾病的成因，提出了著名的“体液学说”。四体液理论不仅是一种病理学说，而且是最早的气质与体质理论。

他认为复杂的人体是由血液、黏液、黄疸、黑疸这四种体液组成的，四种体液在人体内的比例不同，形成人的不同气质：性情急躁、动作迅猛的胆汁质；性情活跃、动作灵敏的多血质；性情沉静、动作迟缓的黏液质；性情脆弱、动作迟钝的抑郁质。每一个人，生理特点以哪一种液体为主，就对应哪一种气质。先天性格表现，会随着后天的客观环境变化而随之发生变化，为后世的医学心理疗法提供了一定指导基础。人所以会得病，就是由于四种液体不平衡造成的。而液体失调又是外界因素影

希波克拉底塑像

响的结果。所以他认为，一个医生进入某个城市首先要注意这个城市的方向、土壤、气候、风向、水源、水、饮食习惯、生活方式等，这些都是与人的健康和疾病有着密切关系的。

希波克拉底轶闻

有关希波克拉底的逸闻甚多，生前死后皆然。生前有云其能起死回生，如雅典瘟疫时，其被传纵一大火，以作消毒，并配以其他疗法，便能平息瘟疫。此外，亦被传治愈马其顿王佩尔狄卡斯二世的相思病。然而，凡此悉无所据，该为小说家言。

另外，有传其拒绝觐见波斯王亚达薛西，且古之文献多有载此事，然而近代人多怀疑这种说法，于是争论不休，迄今无果。此外，有一故事指德谟克利特因凡事皆笑，渐近疯癫，于是求助希波克拉底，希波克拉底诊断之，证其性格如此，不可救药。自此德氏得到“笑哲人”的外号。

希波克拉底塑像

上述诸般传言，悉有利于希波克拉底，然亦有诬蔑者。以弗所的索拉努斯曾指其纵火焚毁他派，即库尼多斯派之治疗神殿，而在数世纪后之拜占庭学者策策斯，则指其焚毁己派之神殿，以求达到垄断医学知识的目的。然而，不论何说，按传统观点，悉与其本性相违。

一天，希波克拉底在市场上见到一个人突然神志丧失，全身抽动，面色青紫，嘴里还吐出泡沫。周围的人都惊慌失措地喊道：“这人中邪啦！快去请巫师来！”

希波克拉底纪念章

正好有个僧侣经过这里，有人马上拖他来治病。僧侣看了看病人，板起面孔说：“啊，这人得了神病，要请神来宽恕他。快把他抬到神庙里去！”“慢着！”希波克拉底抢上一步喊道。“这人患的根本不是什么神病，而是癫痫症！把他抬到神庙去，是治不好病的！”那僧侣看向希波克拉底，高傲地说：“什么癫痫不癫痫的，这人的病是山神引起的，只有祈祷山神才有用。你懂什么？小心别惹怒了山神，让你也患上神病！”

希波克拉底毫不示弱地说：“这癫痫症一点也不比其他疾病神秘，而是同其他疾病一样，具有相同的性质和相似的起因。只有魔法、江湖术士和骗子之流，才把它说成是什么神病！”

“你竟敢当着这么多人的面咒骂山神！好，你说这病不是山神引起的，那是什么引起的？”“是脑引起的！”希波克拉底斩钉截铁地回答说:“我相信这是脑子出了问题,才变成这个模样的。”

现代医学认为，癫痫是一种突然发作的暂时性大脑功能紊乱的病症。希波克拉底指出的病因是正确的，他提出的这个病名,也一直沿用到今天。但是,他的科学解释在当时不可能被人们理解和接受。在僧侣的催促下，那病人还是被抬到神庙里去了。结果当然没有给予有效的治疗。

“我以阿波罗及诸神的名义宣誓：我要恪守誓约，矢忠不渝。对传授我医术的老师，我要像父母一样敬重。对我的儿子、老师的儿子及我的门徒，我要悉心传授医学知识。我要竭尽全力，采取我认为有利于病人的医疗措施，不给病人带来痛苦与危害。我不把毒药给任何人，也决不授意别人使用它。我要清清白白地行医和生活。无论进入谁家，只是为了治病，不为所欲为，不接受贿赂，不勾引异性。对看到或听到不应外传的私生活，我决不泄露。如果我违反了上述誓言，请神给我以相应的处罚。”

这是古代西方医生在开业时宣读的一份有关医务道德的誓词。它的主要内容,取自古希腊一位医师的誓言。这位医师就是希波克拉底,在西方被人们尊为“医学之父”。

1948 年,世界医协大会对这个誓言加以修改,定名为《日内瓦宣言》。后来又通过决议,把它作为国际医务道德规范。由此可见,希波克拉底对后世的伟大贡献。

作为西方医学之父的希波克拉底的贡献不仅是制订了医生必须遵守的道德规范,而且在医学观点和医疗实践方面,都对以后西方医学的发展有巨大影响。

《人体构造》作者——维萨里

立下医生的志向

安德烈·维萨里是著名的医生和解剖学家，近代人体解剖学的创始人，维萨里与哥白尼齐名，是科学革命的两大代表人物之一。1514 年 12 月 31 日维萨里生于布鲁塞尔的一个医学世家。他的曾祖、祖父、父亲都是宫廷御医，家中收藏了大量有关医学方面的书籍。维萨里幼年时代就喜欢读这些书，从这些书中他受到许多启发，并立下了当一名医生的志向。

意大利帕多瓦大学

他曾就教于意大利的帕多瓦大学，精通古罗马医学家盖伦的著作，但他不拘泥于书本知识，认为必须亲自解剖、观察人体构造，创立了当时少见的理论联系实际的生动教学局面，受到学生的尊敬和爱戴。维萨里的主要贡献是1543年出版了《人体构造》一书，该书总结了当时解剖学的成就，哥白尼的《天体运行论》于同一年出版。维萨里与哥白尼一样，为了捍卫科学真理，遭教会迫害。但他建立的解剖学为血液循环的发现开辟了道路，成为人们铭记他的丰碑。

维萨里在青年时代曾求学于法国巴黎大学。当时虽然处在欧洲文艺复兴的高潮期，但是巴黎大学的医学教育还仍然没有完全摆脱中世纪的精神桎梏。盖伦的著作仍被奉为经典。当时在巴黎大学的讲堂上，教授还是因循守旧、津津有味地讲述着盖伦的“解剖学”教材。在教学过程中，虽然也配合一些实验课，但是实验课都是由雇佣的外科手担任的。解剖的材料只是狗或猴子等动物尸体。再加上教授的讲课与实验毫无联系，又不准学生亲自动手操作，所以讲课与实验严重脱节，而且错误百出。在这种情况下，教授还宁肯信奉盖伦的错误结论，也不愿用实验事实纠正其错误之处。

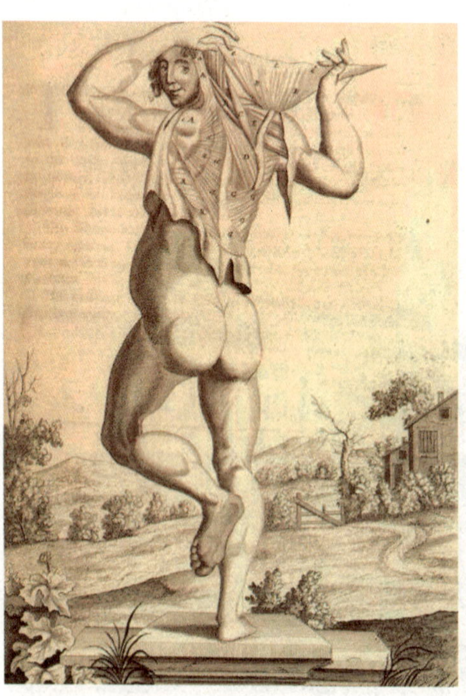
古代人体图

揭开奥秘

由于维萨里勤奋好学，在自学过程中掌握了一定的解剖学知识，也积累了一些这方面的经验，所以他曾一针见血地指出盖伦解剖学中的错误和教学过程中的弊病，并决心改变这种现象，纠正盖伦解剖学中的错误观点。于是，他挺身而出，亲自动手做解剖实验。他的行动，得到了同学的赞扬和支持。当时和他一起做实验的还有他的同学塞尔维特。他们经常用解剖过程中的事实材料针对盖伦的某些错误观点展开争论，并给予纠正。后来维萨里在他的《人体机构》一书的序言追忆这段往事的时候曾这样写道："我在这里并不是无端挑剔盖伦的缺点。相反，我肯定了盖伦是一位伟大的解剖学家，他解剖过很多动物。限于条件，就是没有解剖过人体，以致造成很多错误，在一门简单的解剖学课程中，我能指出他二百种错误。"

维萨里与人体解剖模型

维萨里常与几个比较要好的同学在严寒的冬夜，悄悄地溜出校门，来到郊外寻找残骨，或在盛夏的夜晚，偷偷地来到绞刑架下，盗取罪犯的遗尸。他不顾严冬的寒冷，盛夏的炎热和腐烂的尸体冲天的臭气，把被抓、被杀的危险置之度外，只是为了寻求真理而努力工作。专心地挑选其中有用的材料，对于所得到的每一块骨头，都如获至宝，精心地包好带回学校。回来后，又在微弱的烛光下偷偷地彻夜观察研究，直到弄明白为止。维萨里就是用这种不怕困难、不怕牺牲的精神和超人的毅力，长期坚持工作，终于掌握了精湛熟练的解剖技术和珍贵可靠的第一手材料。

维萨里的这种唯物主义的治学方法和解剖学的成就，触犯了旧的传统观念，冲击了校方的陈规戒律，引起了守旧派的仇恨和攻击。学校不但不批准他考取学位，而且还开除了他的学籍。从那时起，维萨里被迫离开了巴黎。

后来，他有机会在威尼斯共和国帕都瓦大学任教，并于 1537 年 12 月 6 日获得博士学位。在任教期间，维萨里继续利用讲课的机会进行尸体解剖，并进行活体解剖教学，吸引了大批的学生。在那里，他充分利用学校的有利条件，继续进行解剖学研究。

业余时间，维萨里开始写作计划已久的一部人体解剖学专著。经过五年的努力，1543 年，年仅 28 岁的维萨里终于完成了按骨骼、肌腱、神经等几大系统描述的巨著《人体机构》。

在这部伟大的著作中，维萨里冲破了以盖伦为代表的旧权威臆测的解剖学理论，以大量、丰富的解剖实践资料，对人体的结构进行了精确地描述。他在书中写道："解剖学应该研究活的，而不是死的结构。人体的所有器官、骨骼、肌肉、血管和神经都是密切联系的，每一部分都是有活力的组织单位。"这部著作的出版，澄清了盖伦学派主观臆测的种

医学人体图

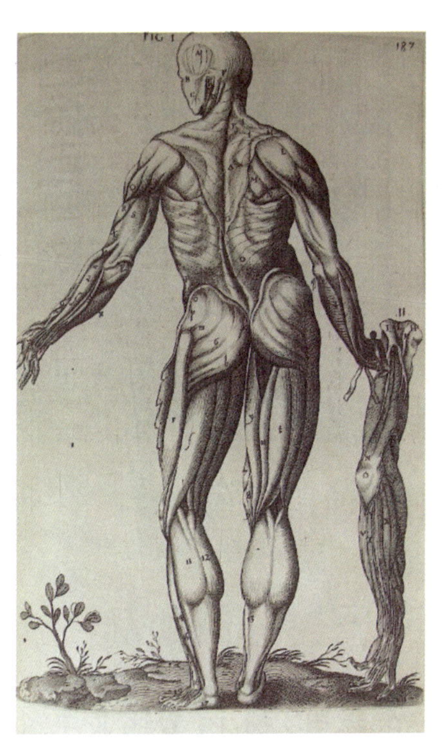
人体结构图

种错误，从而使解剖学步入了正轨。可以说,《人体机构》一书是科学的解剖学建立的重要标志。

维萨里这种勇于实践,寻求真理的精神和他这本书的出版引起了当时的解剖学家和医生的震惊。其中,也有一些不怀好意的人极力反对维萨里的观点,把人体与狗的尸体混为一谈,造成很大错误的盖伦的后继者更是疯狂地攻击维萨里。

就连他以前的老师西耳维也说他“疯狂”。宗教的书报检察机关严密地检察了他的解剖学著作,竟以荒谬的所谓的“根据”攻击维萨里。这的“根据”就是:男人身上的肋骨应该比女人少一根，因为圣经上说,上帝命令亚当抽去一根肋骨变成夏娃。又胡说道：“每人身上都有一块砸不碎的复活骨，复活骨是身体复活的核心。”维萨里在书中说:“人的股骨是直的,而不是像狗的那样是弯的。”他们却在事实面前硬说道:“人体结构自盖伦时代以来有了变化,人们之所以看到人的腿骨是直的而不是弯的,是由于当代人穿紧腿窄裤把腿骨弄直的。假如不是人为的结果,在自然状态下人腿还应该是弯的。”这种可笑的辩解竟成为迫害维萨里的理由。

发现血液循环的人
——哈维·威廉姆

哈维出生于英国的一个富裕农民的家里。他 19 岁毕业于英国的剑桥大学，之后到意大利留学，5 年后他成为医学博士。在意大利学医时，他还常常去听伽利略讲授的力学和天文学讲座，深受这位教授的影响，使他的求知欲已跨越了学科的界线。伽利略注重实验的做法，对哈维影响极大，这为他日后研究医学，发现人的血液循环奠定了基础。

凡在科学史上有所发现、有所发明、有所创造的人，都是敢于向权威挑战的人。哥白尼敢于怀疑亚里士多德的理论，怀疑“地心说”，才创立了全新的“日心说”。到了 17 世纪初，又出现了一位敢于向权威提出怀疑的学者——哈维·威廉姆。

鲜血和生命

说到认识人的血液循环时，对于今天的青少年来讲，似乎无人怀疑过。然而在古代，要认识它可不容易，而且多少科学家、学者为其付出了昂贵的代价——鲜血和生命。

在古代，著名学者、哲学家亚里士多德的言论，被誉为仅次于神的权威，不容置疑。他对于人的血液循环毫无认识，因而十分错误地提出人体内充满着空气。这种错误的说法延续了几百年，直到1800年前，被一位古罗马的神医盖伦否定，他指出人血管里流的是血。显然，比亚里士多德前进了一大步。

盖伦的理论认为，血液在人体内像潮水一样流动之后，便消失在人体四周。由于他是一位名望极高的医生，于是人们在一千年内都把他的这种血液理论奉为真理，不许怀疑。

然而，科学是不断发展的。到了16世纪，欧洲文艺复兴，促进了科学的发展。当时比利时的医生维萨里认为盖伦的理论是错误的。不久，西班牙的医生，宗教的改革者塞尔维特便提出了血液在心肺之间进行小循环的看法，这两位巴黎大学里的同学，相继向权威盖伦进行挑战。但是他们都付出了惊人的代价，维萨里受到宗教裁判所的迫害，被判处死刑。塞尔维特由于出版了《基督教的复兴》触犯了西班牙教会，有人扬言要处死他，他便逃往日内瓦。

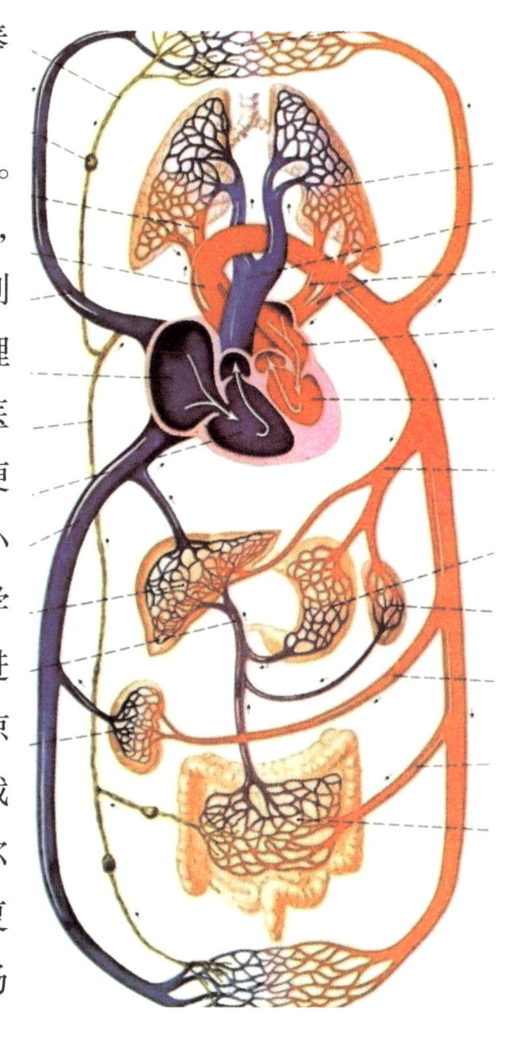
人体血液分布图

可惜仍没有逃过劫难。这两位医生为了研究人的血液循环，向权威挑战，献出了宝贵的生命。

哈维系统地分析了前人的研究成果。公元前 3 世纪古希腊的医生，解剖学的创始人赫罗非拉斯，最早把静脉与动脉区分开来。公元前 2 世纪，盖伦提出了血液流动的理论。15 世纪，著名画家、医生达·芬奇，通过解剖，发现并提出了心脏有四个腔的理论，以及维萨里与塞尔维特研究的成果。前人的研究成果，首先开拓了哈维的视野，然而，他是一个善于思索的人，并不迷信权威的理论，更难能可贵的是他敢于怀疑权威的理论，他喜欢“打破砂锅问到底”，他会问自己“血液真的流到人体四周就消失了吗？怎么会消失的呢？”等。

医学贡献

为了让人们接受他的观点，证明人的血液循环也与动物是一样的，便在人身上反复地实验。他请了一些比较瘦的人并把那些人的手臂上的大静脉血管用绷带扎紧，结果发现靠近心脏的一段血管瘪下去了，而另一端鼓了起来。他又扎住了动脉血管，发现远离心脏的那一端动脉不再跳动，而另一端，很快鼓了起来。这次实验证明了人与动物的血液循环是一样的。

他在书上告诫人们：“无论是教解剖学或学解剖学的，都应当以实验为依据，而不应当以书籍为依据；都应当以自然为老师，而不应当以哲学为老师。”

哈维终于在医学史上取得了巨大的成功，但他的理论因为有悖于权威的理论，所以书籍出版之后，就遭到当时学术界、医学界、宗教界的权威人士的攻击，说他的著作是一派胡言，是荒谬而不可信的。幸好,哈维当时是英国国王查理一世的御医,受到国王的宠幸,这才使他没有像前辈维萨里、塞尔维特那样付出生命的代价。

直到1657 年——哈维逝世以后的第四年，伽利略发明的望远镜，被意大利马尔比基教授改制为显微镜用于医学上,观察到毛细血管的存在,才真正证实了哈维理论的正确性。

哈维的血液循环理论的被确认，标志着当时的科技在医学领域中的显著成就。

哈维的贡献是划时代的，他的工作标志着新的生命科学的开始,属于发端于 16 世纪的科学革命的一个重要组成部分。哈维因为出色的心血系统的研究，以及动物生殖的研究，使得他成为了与哥白尼、伽利略、牛顿等人齐名的科学革命的巨匠。

哈维·威廉姆像

他的《心血运动论》一书也像《天体运行论》《关于托勒密和哥白尼两大体系的对话》《自然哲学之数学原理》等著作一样,成为科学革命时期及整个科学史上极为重要的文献。

“免疫学之父”——琴纳

1749 年 5 月 17 日，爱德华·琴纳出生于英国格洛斯特郡伯克利牧区的一个牧师家庭。他 5 岁时，当牧师的父亲去世了，与当牧师的哥哥斯蒂芬·琴纳生活在一起。琴纳长得结实健壮，生性温和，兴趣广泛，尤其喜欢大自然。在学校他是优秀生，还收集多种动植物的标本。

在琴纳的青少年时期，天花这个可怕的瘟疫正在整个欧洲蔓延着，而且还被勘探者、探险家和殖民者传播到了美洲。在英国几乎每个人都会传染上这种病，在成年人的脸上或身上会留下难看的疤痕。成千上万的人由于病情严重而变成了盲人或疯子，每年死去的人也越来越多。琴纳目睹了这场人类的灾难，从 13 岁开始就立下了将来当个医生能根治这种疾病的愿望。

琴纳在哥哥的帮助下，跟随外科医生卢德洛学了 7 年医术。20 岁时，他已经是一名能干的助理外科医生了。在医疗实践中，琴纳从牧场挤奶女工在患牛痘的母牛上感染牛痘后，而不会染上天花这一发现上得到启发。经过 20 多年的探索研究，于 1796 年 5 月的一天早晨，他用清洁的柳叶刀在一个叫杰米的 8

琴纳像

岁孩子的两条胳膊上划破几道，接种上牛痘浆。事实证明，这是一条预防生天花的正确而有效的途径。

牛痘接种的成功，为免疫学开创了广阔的领域，在国际上，琴纳赢得了极大的赞誉。1799年夏，人们称誉他为伟大的科学发明家、生命的拯救者。拿破仑曾称琴纳为伟人。所有现代接种法实际上都是来源于琴纳的第一次伟大发现。

琴纳是人类的大恩人。因为他找到了预防天花的方法，并证明它是有效的。拿破仑虽然获得了胜利，但是琴纳的研究比拿破仑的胜利更加改变了人类的命运。

拿破仑可能知道了琴纳的这一发现。1802年，因英法之间重起战端，许多在法国的英国平民被法国军队当作战俘扣押了起来。有人向拿破仑发出呼吁，要求释放这些被扣押的无辜的英国平民。当拿破仑打算驳回这一呼吁时，突然发现呼吁书的签名者之中有爱德华·琴纳的名字，便答应了他们的请求。这位几乎征服了欧洲的人，却同意了天花征服者琴纳的要求，英国人获释了。

也就是说，爱德华·琴纳的名字征服了整个欧洲，震撼了世界。

天花牛痘的治疗研究

天花曾经威胁过公元前一千年前的、不可一世的古罗马帝国。公元846年，在来自塞纳河流域、入侵法国巴黎的诺曼人中间，突然流行了天花，使首领惊慌失措，他采取了残忍的手段，下令杀掉了所有天花患者和看护病人的人。

英国史学家、政治家马考莱把天花称为“死亡的忠实帮凶”。18世纪，欧洲蔓延天花，死亡人数达一亿五千万人以上。

人类因为这位乡村医生的发明而幸免于这场可怕的瘟疫，琴纳更是开创了免疫学这一新的学科领域。

两年的时光又是一晃而过。学习期满的琴纳带着导师的殷切期望和谆谆教诲返回乡下，伯克利村终于有了自己的医生。由于琴纳医术高明、医德高尚，因此，他的名声迅速传开，有许多病人舍近求远，从外地慕名而来。

卢德洛医师看到自己的学生这么有出息，从心里感到高兴。经老师的提议，格洛斯特医学会接纳琴纳为会员。这样，琴纳可以参加医学会组织的学术研讨活动，在活动中提高水平，扩大视野。琴纳的卓越医术也得到同行的普遍尊重。

但是，不攻克天花，他就不会有片刻安宁。他也知道，要证明牛痘和天花的有关联系，必须做大量的调查研究。如果广大同行能共同努力，那么这项工作就会容易很多。因此，在医学会的一次例会上，琴纳把自己深思已久的想法告之于同行。但是，没等琴纳把话说完，那些平素和琴纳极好的医生，突然都换下了友好的微笑，一个个用嘲笑来挖苦琴纳。他万万没有想到这样一个严肃的话题，竟轻而易举地被埋葬在放肆的哄堂大笑中了。

传统的习惯势力蒙蔽了人们的眼睛，使他们裹足不前。琴纳意识到，靠医学会的同行合作，看来是指望不上了，这项伟大的使命只有自己单枪匹马地进行了。琴纳此时不得不相信“真正的上帝是自己”这句话的含义。

为了收集一切有关牛痘与天花的材料，琴纳不辞辛苦地走访大小牧场，调查牛痘发病的情况，把牛痘的不同发病阶段做了详细的描绘。几年过去了，伯克利没有流行天花，牧场主由于采取了卫生措施，牛痘也发生得比较少，因此琴纳的调查没有多大进展。但不久一件不可思议的发现使这项研究发生了转机。

事情是这样的。邻近的潘金斯先生染上天花，脓疱溃烂，生命垂危，而潘金斯太太未得过天花，因此无法照看患病的丈夫。琴纳让她请人帮忙。潘金斯太太请到一位年轻的挤奶女工。这是一位眉清貌秀，皮肤洁白的姑娘，显然也未受到天花的侵扰。为防万一，琴纳提出不能让她来护理病人。但这位姑娘得意地说：“先生尽管放心，我得过牛痘，是不会染上天花的。以前曾照顾过好几个天花患者，从来没有传染过。”尽管如此，琴纳仍不敢大意，他整日守候在病人床前，为患者、为年轻的挤奶女工捏了一把汗。

琴纳为儿童接种牛痘疫苗

事情的结局让人喜出望外。尽管潘金斯先生满脸都是难看的疤痕，但却终于摆脱了死神的威胁，

而日夜护理他的年轻姑娘安然无恙，依然是那样美丽。

这件事给琴纳留下的印象太深了。后来，琴纳试着给 5 位曾得过牛痘的牧工做了天花脓液的接种，他们都没有感染上天花。琴纳向医学界宣布：牛痘对天花确实具有某种免疫力！但是，保守的医学会根本无视琴纳的发现，甚至因为他的试验要开除他的会籍。幸亏是卢德洛老师主持公道，才不至于使琴纳的处境那么艰难。

琴纳深知，要改变同行的偏见，必须拿出更有说服力的证据。因此，这位有着执着追求的年轻人，没有屈服于同行的嘲笑和排挤，而是全身心地投入到攻克天花的战斗中去了。

琴纳为人们接种牛痘疫苗

在琴纳处境艰难的日子里，卢德洛和亨特两位导师始终给予鼓励和勇气，而妻子凯瑟琳又给以家庭的温馨和天伦之乐。凯瑟琳理解并支持丈夫从事的崇高事业。婚后不久，他们有了一个又白又胖的男孩。劳累一天的琴纳回到家中，逗逗可爱的小宝宝，疲劳一扫而光。真是别有一番情趣啊！但灾难也悄悄逼近。当宝宝刚满一岁半时，村里闹开了可怕的天花，且大有蔓延之势。坏消息几乎天天都有，不少孩子因此夭逝了。难道就眼睁睁地看着灾祸的降临吗？琴纳心急如焚，凯瑟琳更是愁容满面。如果牛痘能预防天花，那该多好啊！为了可爱的小宝宝，也为了成千上万的其他孩子，琴纳决定在自己儿子身上进行接种牛痘的实验！

琴纳直奔牧区，但真不凑巧，附近几个牧区当时均未发生牛痘。难道天要绝人吗？怎么办？

“那就用猪痘或羊痘，它们不也都长痘吗？”妻子凯瑟琳表现出的勇敢和果断，连琴纳都大吃一惊。

要知道这是第一次，失败是完全可能的，如果一旦失败，后果不堪设想。但是，没有实验，怎么会有成功呢？当然这种代价也许太大了。琴纳纵身上马，直奔农场，从猪肚子底下取下一点脓液，然后小心翼翼地接种在儿子的胳膊上。几天来，琴纳和凯瑟琳的心悬在嗓子眼上，他们昼夜观察儿子的变化和反应。首先，儿子接种的地方长出了小小的脓疱，像牛痘也像猪痘，并伴有轻微发烧。几天后，孩子退烧了。一切符合琴纳过去观察的情况，儿子还是像过去一样活泼可爱。

但儿子是否具有免疫力呢？要证明这一点，必须再给孩子接种天花脓液，这样做显然是要担风险的，但琴纳信心十足，他给孩子接种了从天花患者身上取下来的脓液。成功了！儿子对天花脓液几乎没有反应。人类用牛痘预防天花的实验走出了第一步！

琴纳当然没有止步。为了掌握证据确凿的资料，他不停

琴纳像

琴纳像

地走访牧区，弄清了牛痘和其他皮肤病的区别，从而排除了卢德洛老师当年所说的“牛痘患者也会感染天花”的情况。同时，他又在附近村庄为几个孩子做牛痘接种，而他们均经起了天花蔓延的考验。

反对琴纳的医生们意识到他们将要受到的冲击，就掀起了反对琴纳的高潮。他们组织流氓无赖骚扰他的住宅，散发传单破坏他的声誉，但所有这些，都没有阻止琴纳坚定有力的步伐，他还是一如既往地继续研究。

找他接种的人越来越多。此时，他已摸索出了一整套切实可行的技术措施，研究出了用羽毛管保存疫苗的好办法。1798年，琴纳完成了《牛痘的起因与结果》一文，向全世界医务工作者公布了他的发现和发明。幼时的心愿，少时的追求，20 多年的心血和努力终于结出了硕果。

1823 年 1 月 26 日，这位伟人走完了他的光辉历程与世长辞了。但他永远活在世界人民的心中，我们不会忘记这位为人类的幸福与安宁而苦苦求索的人！

琴纳的困境低谷

科学的真理一开始往往掌握在少数先觉者的手里。琴纳为维护真理，一生勤奋不懈，淡泊名利，敢于向传统和权威挑战。而这一切都源于他以救死扶伤为己任的人生宗旨。

在牛痘接种试验中，同行和教会联手围攻琴纳。英国皇家学会不相信一位来自穷乡僻壤的普通乡村医生能制服天花，他们把他当作沽名钓誉，哗众取宠的“骗子”，拒绝接受他的论著。格洛斯特医学会的同行则攻击他践踏了希波克拉底的《医生誓言》，要开除他的会员资格。还有许多人认为，接种牛痘说不定什么时候会像牛一样长出尾巴和犄角。教会则把他看作是“魔鬼的化身”。

面对这些铺天盖地而来的诋毁，琴纳淡然地回答道：“走自己的路，让别人去说吧！”

琴纳虽然出身于牧师家庭，但从小就有自己独立的个性，不会人云亦云，不盲从权威。在攻击和中伤面前，琴纳医生选择了保持沉默。他回到家乡，继续为村民免费种牛痘。他的义行获得好友的支持，大家帮他建了一个小屋，并取名为“牛痘圣殿”。

琴纳像

他在这“圣殿”里忙碌地为村民种痘，继续到各地宣扬种痘的好处。

为了回答种种责难和疑惑，琴纳又于1799年陆续发表了关于牛痘接种的一系列文章。

在同行中，多数人持怀疑和否定的态度，也有少数人对他的发明产生了极大兴趣，其中就有伦敦两位著名的医生皮尔逊和伍德维尔。伍德维尔还发现牛痘接种者可以是未感染牛的传染源,为以后大量生产牛痘苗提供了依据。

琴纳的研究成果很快被译成德、法、荷、意和拉丁文在各国发表。由于琴纳牛痘接种法的推广,天花发病和死亡人数大大下降。英国政府终于承认这一创新的重大价值,1802 年和 1807 年议会先后授予琴纳 1 万和 3 万英镑奖金。在伦敦建立了新的研究机构——皇家琴纳学会,由琴纳担任首任主席。在这里,琴纳将自己的全部精力投入到研究工作之中，团结和培养了许多青年研究者。

由于琴纳的牛痘接种法简便、安全而高效，十几年间迅速传遍欧洲各国和美洲大陆。1805 年,牛痘接种法传入中国,逐渐取代了人痘接种。

1803 年，西班牙还特地派遣医疗船队向所有海外属地推广实施牛痘接种法,这一环球航行历时整整 3 年。当时英法是交战国,但琴纳的名字深受拿破仑的敬重,拿破仑称他是“人类的救星”。德国人把琴纳 5 月 17 日的生日作为盛大的节日来庆祝,举国上下载歌载舞,开怀痛饮,欢呼人类的新生。

1823 年 1 月 24 日,琴纳去世,终年 74 岁。他的贡献并不限与战胜天花,更为重要的是,他证明疾病可以预防,传染病可以征服,是有史以来最伟大的乡村医生。

DNA 之父——沃森

沃森 1928 年 4 月 6 日生于芝加哥。1947 年毕业于芝加哥大学，获学士学位，后进印第安纳大学研究生院深造，1950 年获博士学位后去丹麦哥本哈根大学从事噬菌体的研究。1951 年至 1953 年，他在英国剑桥大学卡文迪什实验室进修，1953 年回国，1953 年至 1955 年在加州理工大学工作，1955 年去哈佛大学执教，先后任助教和副教授，1961 年升为教授。他在哈佛期间，主要从事蛋白质生物合成的研究。1968 年起任纽约长岛冷泉港实验室主任，主要从事肿瘤方面的研究。1951 年至 1953 年在英国期间，他和英国生物学家克里克合作，提出了 DNA 的双螺旋结构学说。这个学说不但阐明了 DNA 的

沃森

基本结构，并且为一个 DNA 分子如何复制成两个结构相同的 DNA 分子，以及 DNA 怎样传递生物体的遗传信息提供了合理的说明。它被认为是生物科学中具有革命性的发现，是 20 世纪最重要的科学成就之一。由于提出 DNA 的双螺旋模型学说，沃森和克里克及威尔金斯一起获得了 1962 年诺贝尔生理学或医学奖，而沃森被称为DNA之父。沃森著有《基因的分子生物学》《双螺旋》等书。此外，他还获得了许多科学奖和不少大学的荣誉学位。

三个实验室的竞争

20 世纪 40年代末和 50年代初，在 DNA 被确认为遗传物质之后，生物学家不得不面临着一个难题：DNA 应该有什么样的结构，才能担当遗传的重任？它必须能够携带遗传信息，能够自我复制传递遗传信息，能够让遗传信息得到表达以控制细胞活动，并且能够突变并保留突变。这 4 点，缺一不可，那么如何建构一个DNA 分子模型解释这一切呢？

沃森（左）和 DNA 模型

当时主要有三个实验室几乎同时在研究 DNA 分子模型。第一个实验室是伦敦国王学院的威尔金斯、富兰克林实验室，他们用 X 射线衍射法研究 DNA 的晶体结构。当 X 射线照射到生物大分子的晶体时，晶格中的原子或分子会使射线发生偏转，根据得到的衍射图像，可以推测分子大致的结构和形状。

第二个实验室是加州理工学院的大化学家莱纳斯·鲍林实验室。在此之前，鲍林已发现了蛋白质的 a 螺旋结构。第三个则是个非正式的研究小组，事实上他们可以说是不务正业。23 岁年轻的遗传学家沃森于 1951 年从美国到剑桥大学时，虽然其真实意图是要研究 DNA 分子结构，挂着的课题项目却是研究烟草花叶病毒。比他年长 12 岁的克里克当时正在做博士论文，论文题目是“多肽和蛋白质：X 射线研究”。沃森说服与他分享同一个办公室的克里克一起研究 DNA 分子模型，他需要克里克在 X 射线晶体衍射学方面的知识。他们从 1951 年 10 月开始拼凑模型，几经尝试，终于在 1953 年 3 月获得了正确的模型。

关于这三个实验室如何是明争暗斗，互相竞争的，由于沃森一本风靡全球的自传《双螺旋》而广为人知。值得探讨的一个问题是为什么沃森和克里克既不像威尔金斯和富兰克林那样拥有第一手的实验资料，又不像鲍林那样有建构分子模型的丰富经验，却能在这场竞赛中获胜？

这些人中，除了沃森，都不是遗传学家，而是物理学家或化学家。威尔金斯虽然在 1950 年最早研究 DNA 的晶体结构，但当时却对 DNA 究竟在细胞中干什么一无所知，直到 1951 年，威尔金斯才觉得DNA 可能参与了核蛋白所控制的遗传。富兰克林也不了解 DNA在生物细胞中的重要性。鲍林研究 DNA 分子，则纯属偶然。他在1951 年 11 月的《美国化学学会杂志》上看到一篇核酸结构的论文，觉得荒唐可笑，为了反驳这篇论文，才着手建立 DNA 分子模型。他是把 DNA 分子当作化合物，而不是遗传物质来研究的。这两个研究小组完全根据晶体衍射图建构模型，鲍林甚至根据的是 30 年代拍摄的模糊不清的衍射照片。不理解 DNA 的生物学功能，单纯根据晶体衍射图，有太多的可能性供选择，是很难得出正确的模型的。

沃森在 1951 年到剑桥之前，曾经做过用同位素标记追踪噬菌体 DNA 的实验，坚信 DNA 就是遗传物质。据他的回忆，他到剑桥后发现克里克也是“知道 DNA 比蛋白质更为重要的人”。但是按克里克本人的说法，他当时对 DNA 所知不多，并未觉得它在遗传上比蛋白质更重要，只是认为 DNA 作为与核蛋白结合的物质，值得研究。对一名研究生来说，确定一种未知分子的结构，

沃森演讲风采

就是一个值得一试的课题。在确信了 DNA 是遗传物质之后，还必须理解遗传物质需要什么样的性质才能发挥基因的功能。像克里克和威尔金斯，沃森后来也强调薛定谔的《生命是什么？——活细胞的物理面貌》一书对他的重要影响，他甚至说他在芝加哥大学时读了这本书之后，就立志要破解基因的奥秘。

如果这是真的，我们就很难明白，为什么沃森向印第安纳大学申请研究生时，申请的是鸟类学。由于印第安纳大学动物系没有鸟类学专业，在系主任的建议下，沃森才转而从事遗传学研究。当时大遗传学家赫尔曼·缪勒恰好正在印第安纳大学任教授，沃森不仅上过缪勒关于“突变和基因”的课，而且考虑过要申请他的研究生。但后来沃森觉得缪勒研究的果蝇在遗传学上已过了辉煌时期，才改拜研究噬菌体遗传的萨尔瓦多·卢里亚为师。但是，缪勒关于遗传物质必须具有自催化、异催化和突变三重性的观念，想必对沃森有深刻的影响。正是因为沃森和克里克坚信 DNA 是遗传物质，并且理解遗传物质应该有什么样的特性，才能根据如此少的数据，做出如此重大的发现。

他们根据的数据仅有三条：第一条是当时已广为人知的，即 DNA 由 6 种小分子组成：脱氧核糖，磷酸和 4 种碱基，由这些小分子组成了 4 种核苷酸，这 4 种核苷酸组成了 DNA。第二条证据是最新的，富兰克林得到的衍射照片表明，DNA 是由两条长链组成的双螺旋，宽度为 20 埃。第三条证据是最为关键的。美国生物化学家埃尔文·查戈夫测定 DNA 的分子组成，发现 DNA 中的4 种碱基的含量并不是传统认为的等量的，虽然在不同物种中 4种碱基的含量不同，但是 A 和 T 的含量总是相等，G 和 C 的含量也相等。

查加夫早在1950年就已发布了这个重要结果，但奇怪的是，研究DNA分子结构的这三个实验室都将它忽略了，甚至在查加夫1951年春天亲访剑桥，与沃森和克里克见面后，沃森和克里克对他的结果也不加重视。在沃森和克里克终于意识到查加夫比值的重要性，并请剑桥的青年数学家约翰·格里菲斯计算出A吸引T，G吸引C，A+T的宽度与G+C的宽度相等之后，很快就拼凑出了DNA分子的正确模型。

沃森和克里克在1953年4月25日的《自然》杂志上以1 000多字和一幅插图的短文公布了他们的发现。在论文中，沃森和克里克以谦逊的笔调，暗示了这个结构模型在遗传上的重要性："我们并非没有注意到，我们所推测的特殊配对立即暗示了遗传物质的复制机理。"在随后发表的论文中，沃森和克里克详细地说明了DNA双螺旋模型对遗传学研究的重大意义。它能够说明遗传物质的自我复制。这个"半保留复制"的设想后来被马修·麦赛尔逊和富兰克林·斯塔勒用同位素追踪实验证实。它能够说明遗传物质是如何携带遗传信息的。它能够说明基因是如何突变的。基因突变是由于碱基序列发生了变化，这样的变化可以通过复制而得到保留。

沃森的个人生活

沃森出生于美国芝加哥。孩提时代就非常聪明好学，他有一个口头禅就是"为什么"，往往简单的回答还不能满足他的要求。他通过阅读《世界年鉴》记住了大量的知识，因此在参加的一次广播节目比赛中获得"天才儿童"的称号，而赢得100美元的奖励。他用这些钱买了一个双筒望远镜，专门用它来观察鸟。这也

沃森

是他和爸爸的共同爱好。

由于有异常天赋，沃森15岁时就进入芝加哥大学就读。在大学的学习中，凡是他喜欢的课程就学得很好，如生物学、动物学成绩特别突出。而不喜欢的课程就不怎么样了。他曾打算以后能读研究生，专门学习如何成为一名“自然历史博物馆”中鸟类馆的馆长。

在大学时，沃森阅读了一本艾尔文·薛定谔的书《生命是什么？—活细胞的物理面貌》。他深深地被控制生命奥秘的基因和染色体吸引了。当卢里亚这位从事噬菌体研究的先驱者成为他的博士生导师时，沃森有了很好的机会来从事这方面的研究了。

1950年完成博士学业后，沃森来到了欧洲。他先是在丹麦的哥本哈根工作，后来就加入著名的英国剑桥大学的卡文迪什实验室工作。从那时起，沃森知道DNA是揭开生物奥秘的关键。他下决心一定要解决DNA的结构问题。

他很幸运能和克里克共事。尽管彼此的工作内容不同，但两人对DNA的结构都非常感兴趣。当他们终于在1953年建构出第一个DNA的精确模型时，完成了被认为是至今为止科学上最伟大的发现之一。

乐于助人实现梦想
——罗伯特·爱德华兹

“试管婴儿之父”

罗伯特·爱德华兹，剑桥大学教授，英国生理学家，被誉为“试管婴儿之父”。

1948年，他毕业于威尔士大学农业和动物学专业；1955年，获得爱丁堡大学动物基因研究生学位；1956年至1978年，从事生殖生理学研究，并成功使世界第一例试管婴儿诞生；1983年至1984年，创立欧洲人类生殖和胚胎学研究会，并创办《人类生殖》杂志；2001年，由于在人类不育症治疗领域的突出成就，获得美国阿尔伯特·拉斯克医学研究奖。

他因创立了体外受精技术独享2010年诺贝尔生理学或医学奖。2013年4月10日，爱德华兹去世，享年87岁。

爱德华兹，1925年出生于英格兰的曼彻斯特。在“二战”中服完兵役后，他进入威尔士大学和爱丁堡大学学习生物学，于1955年获得博士学位，论文内容为小鼠胚胎发育。1958年，他成为英国国立医学研究所研究人员，开始了对人类授精过程的研究。从 1963 年开始，爱德华兹在剑桥大学诊所，即世界首个试管授精中心工作。爱德华兹担任研究主任多年，同时还是受精研究领域多本顶尖期刊的编辑，是剑桥大学名誉退休教授。

因为在人类试管授精(in vitro fertilization IVF)疗法上的卓越贡献，爱德华兹获得 2010 年度诺贝尔生理学或医学奖。他的贡献使治疗不育症成为可能，包括全球超过 10 %的夫妇在内的人类因此获益匪浅。

早在 1950 年，爱德华兹就认为 IVF 可以有助于不育症的治疗。通过系统的研究工作，他发现了人类受精的重要原理，并成功实现人类卵细胞在试管中，或者更确切地说，是在细胞培养皿中受精。1978 年 7 月 25 日，世界上第一例试管婴儿的诞生，就是对爱德华兹不懈努力的最好表彰。在接下来的几年内，爱德华兹和他的同事将 IVF 进行改良，并与世界分享。

体外受精技术诞生时曾饱受争议，认为这违反伦理道德。但随着越来越多的试管婴儿出生并健康成长，大众对试管婴儿的态度开始转变。爱德华兹也因此获得 2010 年诺贝尔生理学

罗伯特·爱德华兹

罗伯特·爱德华兹

或医学奖。诺贝尔奖评委在颁奖后说，“全世界大约有10%的夫妇遭受不育症的折磨，这一切都随着体外受精技术的问世而得到解决。”

爱德华兹领导了从基础性发现到今天成功的体外受精治疗的全过程，一个全新的医学领域诞生了，他的贡献代表了现代医学发展的一个里程碑。

到目前为止，因为IVF而得以出生的人大约有四百万，他们中的许多人现已成年，甚至有的已为人父母了。在罗伯特·爱德华兹的引领下，对IVF疗法的研究取得了许多重要发现。

获奖引来的争议

因在有关过程中，有大量胚胎遭弃置，总部设于梵蒂冈的国际天主教健康照护联盟发表声明指出，他们对爱德华兹获奖感到“惊愕”。

宗座生命学院院长鲍拉指出：“我肯定选择爱德华兹为得主是完全不恰当的。”鲍拉称：“没有爱德华兹，世上便没有售卖数以百万卵细胞的市场，也没有大量放满胚胎的冷冻库。在最好的情况下，那些胚胎会被植入子宫内，但他们最有可能的下场却是遭弃置或死亡，这个问题要由新出炉的诺贝尔医学奖得主负责。”

不过，在鲍拉接受安莎通讯社访问的文字记录中，鲍拉的谈话内容显然经过了大幅修改，语调温和。文字记录显示，爱德华兹获奖是令人理解的，这位科学家不应受到低估。文字记录还强调，鲍拉只是以个人名义发表意见。

罗伯特·爱德华兹

中国篇

中医学的开山鼻祖——扁鹊

秦越人也被称为“扁鹊”，是春秋战国时代名医，医术精湛，所以人们就用传说中的上古轩辕时代的名医扁鹊的名字来称呼他。《史记》中记载他是渤海郡的一名医生，而“卢医”则是指他的出生地在卢国。由此可见，“扁鹊”是古代医术高超者的一个通用名词。按照古人的传说，医生治病救人，走到哪里，就将安康和快乐带到哪里，好比是带来喜讯的喜鹊，所以古人把那些医术高超、医德高尚的医生称作“扁鹊”。而这个出生在卢国、名叫秦越人的医生医术高明，学识渊博，走南闯北，治病救人，顺理成章地被人们尊敬地称作“扁鹊”。

扁鹊奠定了中医学的切脉诊断方法，开启了中医学的先河。

扁鹊行医雕塑

中医理论的奠基人

扁鹊是中医学的开山鼻祖，世人敬他为神医，从司马迁的不朽之作《史记》及先秦的一些典籍中可以看到扁鹊既真实又带有传奇色彩的一生。扁鹊创造了望、闻、问、切的诊断方法，奠定了中医临床诊断和治疗方法的基础。扁鹊所处的年代，正是生产力迅速发展和社会发生着激烈变革的年代，也是人才流动，人才辈出的时代，各国的竞争机制形成尊重人才，招纳贤士的社会风尚。为增强实力，各国都在笼络有用之才。秦国地处西陲，被中原诸侯以夷翟遇之。为了改变这种状况，秦国的几位先公先王非常重视从东方各国招徕人才，为各类人才创造了一个各显其能的用武之地。秦国除重视治理国家的人才外，对医生也很尊重，给予医生极好的待遇，各国名医纷纷到秦，扁鹊就是在这种情况下成为秦人的。

扁鹊塑像

扁鹊精于内、外、妇、儿、五官等科，应用砭刺、针灸、按摩、汤液、热熨等法治疗疾病，被尊为医祖。相传，扁鹊曾医救虢太子，扁鹊死后，虢太子感其再造之恩，收其骨骸而葬之，墓位于今永济市虞乡镇。扁鹊年轻时虚心好学，刻苦钻研医术。他凭借着积累的医疗经验，周游列国，到各地行医，为民解除痛苦。扁鹊是中医理论的奠基人。

扁鹊一生游历四方，去过很多地方，以至于关于扁鹊的籍贯有一些争议。有古书记载的是渤海莫人扁鹊见蔡桓公；唐朝张守节的《史记正义》引《黄帝八十一难》说：“（秦越人）家于卢国，因命之曰卢医也。”卢国在今山东省济南市长清区。“渤海郡”在今山东省中南部和西北部。

扁鹊发明的四诊法

扁鹊的切脉诊断法也具有较高水平。《史记》称赞扁鹊是最早应用脉诊于临床的医生。先秦时期，中医的脉诊是三部九候诊法，即在诊病时，须按切全身包括头颈部、上肢、下肢及躯体的脉。

扁鹊脉诊及其理论可从对虢太子这一病例的诊断中体现出来。当时，虢太子已昏迷不醒，扁鹊通过脉诊判断为“尸厥”。他认为患者全身脉象出现紊乱，故患者表现如死状。

其实，患者并未真正死亡，除脉诊外，他还观察到患者鼻翼微动。结合切摸，他发现患者两大腿的体表仍然温暖，因而敢于下此判断。扁鹊是我国历史上最早应用脉诊来判断疾病的医生，并且提出了相应的脉诊理论。

“外科圣手”——华佗

华佗字元化，又名旉，汉末沛国谯人，是东汉末年的著名医学家。他少时曾在外游学，钻研医术而不求仕途。他医术全面，尤其擅长外科，精于手术，被后人称为“外科圣手”“外科鼻祖”。他精通内、妇、儿、针灸各科，行医足迹遍及河南、安徽、山东、江苏等地。他曾用“麻沸散”使病人麻醉后施行剖腹手术，是世界医学史上应用全身麻醉进行手术治疗的最早记载。又仿虎、

华佗塑像

鹿、熊、猿、鸟等禽兽的动态创作名为“五禽戏”的体操，教导人们强身健体。华佗后因不服曹操征召被杀，所著医书《青囊书》已佚。

创立药理学说

华佗生活的时代，是东汉末年三国初期。那时，军阀混乱，水旱成灾，疫病流行，人民处于水深火热之中。当时的一位著名诗人王粲在其《七哀诗》里，写了这样两句：“出门无所见，白骨蔽平原。”这就是当时社会景况的真实写照。目睹这种情况，华佗非常痛恨作恶多端的封建豪强，十分同情受压迫、受剥削的劳动人民。为此，他不愿做官，宁愿摇着金箍铃，到处奔走，为人民解脱疾苦。

不求名利，不慕富贵，使华佗得以集中精力于医药的研究。《后汉书·华佗传》说他“兼通数经，晓养性之术”，尤其“精于方药”。人们称他为“神医”。他曾把自己丰富的医疗经验整理成一部医学著作，名曰《青囊经》，可惜没能流传下来。但不能说，他的医学经验因此就完全湮没了。因为他许多有作为的学生，如以针灸出名的樊阿、著有《吴普本草》的吴普、著有《李当之本草经》的李当之，把他的经验部分继承了下来。

华佗的高明之处，就是能批判地继承前人的学术成果，在总结前人经验的基础上，创立新的学说。中国的医学到了春秋时代已经有了辉煌的成就，而扁鹊对于生理病理的阐发可谓集其大成。华佗的学问有可能从扁鹊的学说发展而来。同时，华佗对同时代的张仲景的学说也有深入的研究。他读到张仲景著的《伤寒论》第十卷时，高兴地说：“此真活人书也”，可见张仲景的学

华佗塑像

说对华佗的影响很大。华佗循着前人开辟的途径，脚踏实地开创新的天地。例如，当时他就发现了体外挤压心脏法和口对口人工呼吸法。这类例子很多。最突出的应数麻醉术，即酒服麻沸散的发明和体育疗法“五禽戏”的创造。

华佗刮骨疗伤

千百年来，人们传说的华佗给关公“刮骨疗毒”的故事，更是脍炙人口。三国初期的时候，有一次关羽到樊城去攻打曹操，右臂被毒箭射中。后来，伤口渐渐肿大，十分疼痛，不能动弹。经有名的医生多方诊治，始终无效。一天，关羽和他的部将正在发愁。忽然，部下前来报告，说医生华佗要进见。关羽说：“请进帐来！”

华佗进帐后，关羽说：“您如果能把我的右臂治好，我是感激不尽的。”华佗说：“我正是为治您的病才来的。办法倒是有，只是怕您忍受不了疼痛。”关羽听后笑了笑说：“我是一个久经沙场、出生入死的军人，千军万马尚且不怕，疼痛有什么了不起！”

华伦说：“那就好了。您中的箭是乌头毒箭，现在毒已入骨。我准备在房梁上钉上一个铁环，把您的右臂伸进铁环中去，再把您的眼睛蒙上，然后给您动手术。”关羽说：“不用什么铁环，你就给我治吧！”

翌日，关羽设宴犒劳华佗。饮宴完毕，关羽一边和谋士对弈，一边袒胸伸出右臂。华佗抽出消过毒的尖刀，割开关羽的胳膊，骨头已变成青色。他用刀“咔嚓咔嚓”地将骨头上的箭毒刮净，而后缝合复原，敷上药，包扎好。

手术时，关羽疼痛难忍；手术后，关羽站起来对华伦说：“现在我的右臂不疼了，您真是妙手回春啊！”

华佗像

这是《三国演义》和湖北《襄阳府志》上的记载，是民间广为流传的一个根据事实虚构的故事。关羽虽然经历过刮骨疗伤，但是华佗早已在几年前死去。这个故事原本是颂扬关羽有毅力、能忍耐，但同时也说明了华佗外科医术高明，深受人们的称赞和敬佩。华佗是外科医学当之无愧的鼻祖。

被后世尊为“医圣”——张仲景

张仲景，名机，字仲景，汉族，东汉南阳郡涅阳县人，中国东汉伟大的医学家，世界医史伟人。张仲景的《伤寒杂病论》，是中医史上第一部理、法、方、药具备的经典，他被后世尊为“医圣”。

张仲景出生在一个没落的官僚家庭，其父张宗汉曾在朝为官。由于家庭条件的特殊，他从小就接触了许多典籍。他从史书上看到了扁鹊望诊齐桓公的故事后，对扁鹊产生了敬佩之情。他一生勤求古训，博采众方，集前人之大成，揽四代之精华，写出了不朽的医学名著《伤寒杂病论》。这部医书熔理、法、方、药于一炉，开辨证论治之先河，形成了独特的中国医学思想体系，对于推动医学的发展起到了巨大的作用。

他从小爱好医学，博通群书，潜乐道术。当他 10 岁时，就已读了许多书，特别是有关医学的书。他的同乡何颙赏识他的才智和特长，曾经对他说：“君用思精而韵不高，后将为良医。”后来，张仲景果真成了良医，被人称为“医中之圣，方中之祖。”这固然和他“用思精”有关，但主要是他热爱医药专业，善于“勤求古训，博采众方”的结果。

乱世中立志

张仲景不仅有丰富的临床经验，以精湛的医术救治了不少病人，而且写出了一部创造性的医学巨著《伤寒杂病论》。这部巨著的问世，使我国临床医学和方剂学发展到较为成熟的阶段。

张仲景从小笃实好学，博览群书，并且酷爱医学。他从史书上看到扁鹊望诊齐桓公的故事，对扁鹊高超的医术非常钦佩。“余每览越人入虢之诊，望齐侯之色，未尝不慨然叹其才秀也。”从此，他对医学产生了浓厚的兴趣，这也为他后来成为一代医学大师奠定了基础。

当时社会，人心涣散，朝政不安。农民起义此起彼伏，兵祸绵延，到处都是战乱，黎民百姓饱受战乱之灾，加上疫病流行，很多人死于非命，真是生灵涂炭，横尸遍野，惨不忍睹。而府衙自顾不暇，为争权夺势，发动战争。这使张仲景从小就厌恶官场，轻视仕途，怜悯百姓，萌发了学医救民的愿望。汉桓帝延熹四年，张仲景10岁左右时，就拜同郡医生张

张仲景塑像

张仲景浮雕

伯祖为师，学习医术。

张伯祖当时是一位有名的医生，他性格沉稳、生活简朴，对医学刻苦钻研。每次给病人看病、开方，都十分精心，深思熟虑。经他治疗的病人，十有八九都能痊愈，他很受百姓尊重。张仲景跟他学医非常用心，无论是外出诊病，抄方抓药，还是上山采药，回家炮制，从不怕苦怕累。张伯祖非常喜欢这个学生，把自己毕生行医积累的丰富经验，毫无保留地传授给他。比张仲景年长的一个同乡何颙对他颇为了解，曾说："君用思精而韵不高，后将为良医。"意思是说张仲景才思过人，善思好学，聪明稳重，但是没有做官的气质和风采，不宜做官，只要专心学医，将来一定能成为有名的医生。

何颙的话更加坚定了张仲景学医的信心，从此他学习更加刻苦。他博览医书，广泛吸收各医家的经验用于临床诊断，进步很大，很快便成了一个有名气的医生，以至"青出于蓝而胜于蓝"，超过了他的老师。当时的人称赞他"其识用精微过其师"。张仲景提倡"勤求古训"，认真学习和总结前人的理论经验。

张仲景轶事

古代封建社会，迷信巫术盛行，他们坑害百姓，骗取钱财，使人们无辜地被病魔夺去了生命，落得人财两空。张仲景对这些巫医非常痛恨。每次遇到他们误人性命，他就出面干预和他们争辩，并用医疗实效来驳斥巫术迷信，奉劝人们相信医术。

张仲景有句名言："进则救世，退则救民；不能为良相，亦当为良医。"东汉时，他曾任长沙太守，访病施药，大堂行医，后毅然辞官回乡，为乡邻治病。其返乡之时，正是冬季。他看到白河两岸乡亲面黄肌瘦，饥寒交迫，不少人的耳朵都冻烂了。于是便让其弟子在南阳东关搭起医棚，支起大锅，在冬至那天舍"祛寒娇耳汤"医治冻疮。

他把羊肉、辣椒和一些驱寒的药材放在锅里熬煮，然后将羊肉、药物捞出来切碎，用面包成耳朵样的"娇耳"，煮熟后，分给来求药的人每人两只"娇耳"、一大碗肉汤。人们吃了"娇耳"、喝了"祛寒汤"，浑身暖和，两耳发热，冻伤的耳朵都治好了。后人学着"娇耳"的样子，包成食物，也叫"饺子"或"扁食"。

张仲景像

脉学著作作者——王叔和

王叔和，名熙，汉族，西晋高平人。魏晋之际的著名医学家，医书编纂家。在中医学发展史上，他做出了两大重要贡献，一是整理《伤寒论》，二是著述《脉经》。

王叔和生于达官贵族家庭，宗族中数代是权势显赫的贵族，亦有名震当时的文人学士。由于家庭优越的生活及学习环境，使得叔和自幼受到良好的文化熏陶。他从小兴趣广泛，少年时期，已博览群书，通晓经史百家。后因战事频繁，时局动荡，为避战乱，随家移居荆州，投奔荆州刺史刘表。

当王叔和侨居荆州时，正值张仲景医学生涯的鼎盛时期，加上王叔和与仲景弟子卫汛要好，深受其熏染，逐渐对医学发生兴趣，并立志钻研医道。他寻求古训，博通经方，深究病源，潜心研读历代名医著作，遵古而不泥古，虚心向有经验的名医求教，博采众长，医术日精，名噪一时。由于其医术高明，公元 208 年，当曹操南下征战荆州刘表，王叔和被推选为曹操的随军医生。其后任王府侍医，皇室御医等职，后又被提升为太医令。

脉学专著

清代余嘉锡《四库提要辩证》推测王叔和也为张仲景之亲授弟子。他不但精通中医经典方书，而且于脉学颇有研究。唐代甘伯宗《名医传》称：王叔和性度沉静，尤好著述，究研方脉，静意诊切，调识修养之道。

他一生最突出的贡献是编著了我国现存最早的脉学专著——《脉经》。脉学在我国起源很早，扁鹊就常用切脉方法诊断疾病。切脉是我国医学诊断学之“望、闻、问、切”四诊中，重要的组成部分，但是当时仍不为一般医家所重视，如张仲景《伤寒论》自序中指出，有一些医生缺乏脉学知识的掌握，或者对于脉学不大讲求，这样临床诊断不明，对于病患者说来是很危险的。

因此，为了解决医生在治疗过程中正确应用脉诊诊断的问

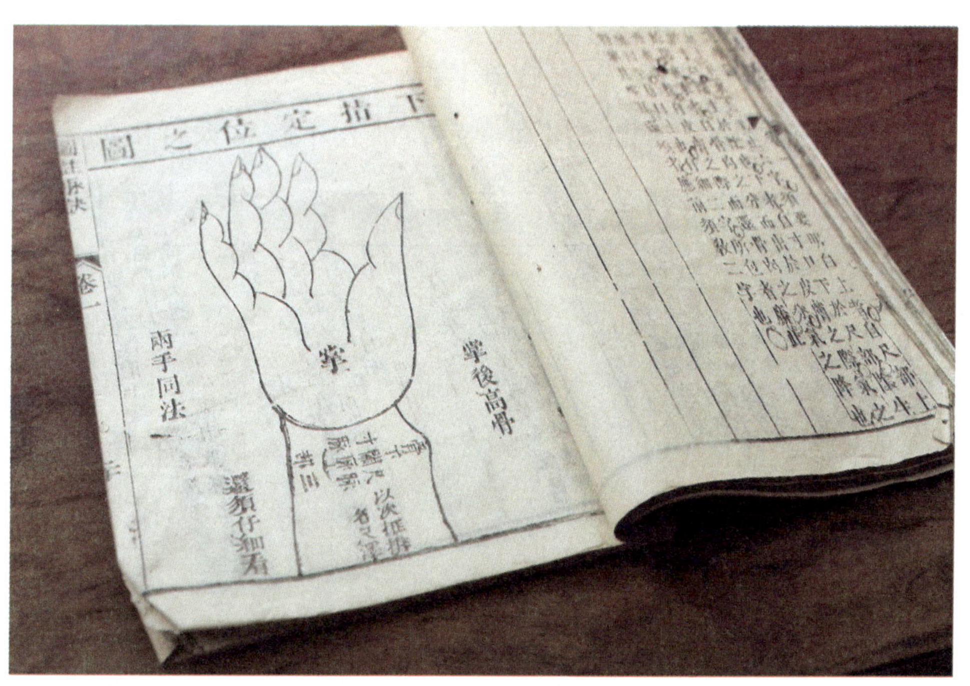

《脉经》内文

题，迫切需要一部脉学专著。王叔和搜集了扁鹊、仓公、张仲景、华佗等古代医家有关脉学的论述，并加上自己的临床体会和见解，终于写出了这部著名脉学专书。

在此书中，王叔和将古时的三部九候诊脉法归纳整理又大胆创新，改作了“独取寸口”的寸口脉诊断法。他将脉象分为24种，并与“平脉”做了比较和区别，对于每种脉在医生手指下的特点，代表病证等，都描述得十分贴切，语言生动准确，非常实用。这一脉诊方法的重大改革至今仍然沿用，几千年来，屡试不爽，实实在在地经受住了时间的考验，这一重大贡献是大胆识与大学问的结晶。

传奇故事

一千七百多年以前，高平有个小村子叫王寺村，村里有家世代相传的医药铺子，主人姓王。王记药铺传到王叔和的时候，规模没比从前大多少，家产没比以前多多少，但那治病救人名气却比从前大多了。北并州南许昌，谁人不晓得太行山的王先生。上至王孙公子，下到庶民百姓，千里迢迢来高平王寺村就医的络绎不绝。王叔和秉承祖德，不尚虚名，不贪金银，山下修一盘药碾，村

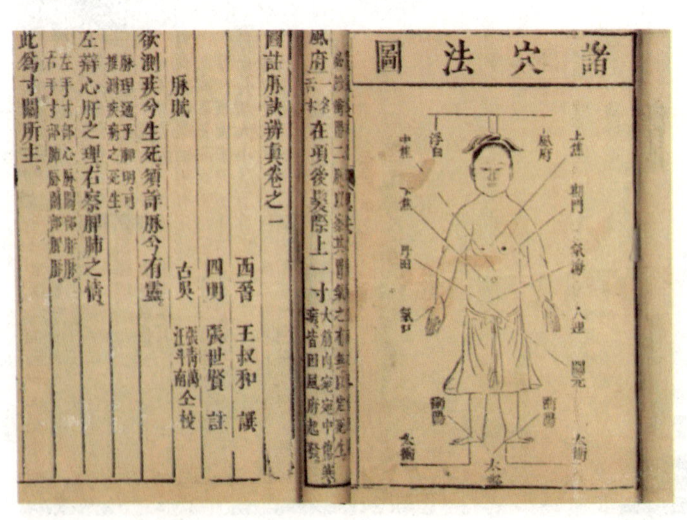
諸穴法圖

圖註脈訣辨真卷之一
西晉 王叔和 譔
四明 張世賢 註
脈賦
欲測疾兮生死須詳脈兮有靈
左辨心肝之理右察脾肺之情
此為寸關尺主

《脉经》内文

边摆一服药臼，家中开一间药铺，日常里或为人治病，或上山采药，或潜心研究他的《脉经》，倒也悠然自在。

王叔和塑像

可惜好景不长，到了魏末晋初，北方战争频发，瘟疫流行，老百姓的生活苦不堪言。穷苦百姓得了病，还要挣扎着去做工挣钱，等到病入膏肓实在打熬不过了，这才不得不求医。试想这等病人那有好治的！

王叔和是个直性子人，既不会说那好听的绕弯话，又不会把麻缠事推出手，依旧是尽心尽力为人治病，却不料患者的病情并未好转，一时倒叫人心浮动，人们因怀疑他的医术而不敢上门了，过去门前车水马龙的情景不见了。

再说高平城里有座杂货铺，铺子里有两个伙计，一个叫大二，一个叫小三。这一天，伙计两正在铺子里站柜，忽然看见王叔和从铺门前走过，免不了议论一番，大二说："这王先生可是越来越不行了，先前是个济世活人的菩萨，如今变成了要命的阎王。"

小三道："这话不对，那些病人原是他自个病的没救了，如何怨得王先生的医术！"大二道："你也好笑，没病谁来求医，求医原为活命，难道为了找死？"小三道："照你这么说，便是好人经王先生搭手也要亡命了，我今天偏要请王先生诊脉，看看我死不死的了！"伙计怄了满肚子气，就吃饭去了，那小三子是个一根筋，

和大二拌了嘴，心里很不痛快，怒冲冲地吃着小米捞饭，刚放下碗，就看见王叔和又从铺前走过，小三心里一急，喊一声“王先生！”一个猛子从里屋跳到当街上，接着身不由已地躺倒在地上，大喊肚痛！

王叔和见地下躺着的愣小子，热汗满面，就地打滚，忙蹲下抓住他的手腕切了脉，叹口气道：“此人无救了。”那大二一听此话忍不住笑道：“我师弟无半点病症，原不过怄气，打赌考考你，你就真当他要死了，这样的庸才还吹什么太行山上……”

话没说完，只听小三“呼”了一声就不动了。大二上前伸手一探，小三已没了气，心下大惊，那小三本因吃饭过饱，又猛力一蹦，使胃肠崩裂，但那些街头看热闹的不去细究其因，亦不听王叔和的解释，只附和大二诋毁王叔和，立刻一传十，十传百，加枝添叶，把王叔和描绘成了灾星，别说谁来找王叔和治病，就连他原先的街坊邻居们，也唯恐避他不及。

王叔和塑像

这样一来，王叔和在家乡一时难以立足，感慨一番，挑起个药担云游他乡去了。

“皇甫家子”——皇甫谧

皇甫谧，幼名静，字士安，自号玄晏先生。安定朝那人。生于东汉建安二十年，卒于西晋太康三年，享年六十八岁。提起皇甫谧，人们可能会立刻想到他编撰的《针灸甲乙经》。其实，除此之外，他还编撰了《历代帝王世纪》《高士传》《逸士传》《列女传》《元晏先生集》等书。他一生以著述为业。在医学史和文学史上都负有盛名。

发奋著述

皇甫谧年少时就立志发奋读书。二十六岁时，以汉前纪年残缺，遂博案经传，旁采百家，著《帝王世纪》《年历》等。四十岁时，叔父有子既冠，丧所生后母，遂还故乡。四十二岁前后得风痹症，悉心攻读医学，开始撰集《针灸甲乙经》。四十六岁时被声名鹤起的著名学者，魏相司马昭下诏征聘做官，皇甫谧不仕，作《释劝论》，仍耽玩典籍，忘其寝食，时人谓之书淫。五十一岁时晋武帝续诏不仕，相传曾到陕西陇县龙门洞、平凉崆峒山避诏。五十三岁时，武帝频下诏敦逼，上疏自称草莽臣，乃不仕。五十四

皇甫谧文化广场

岁时，又举贤良方正，不起，自表就帝借书，武帝送书一车。六十一岁时，帝又诏封为太子中庶、议郎、著作郎等，皆不应，著惊世骇俗的《笃终论》。六十八岁时，《针灸甲乙经》刊发经世，皇甫谧在张鳌坡去世，其子童灵、方回，尊父笃终遗训，择不毛之地，将其俭礼薄葬于塬边。世人称之为“皇甫冢子”。

皇甫谧虽然家境贫寒，但即使是在家中种地时，他也不忘背着书，抽空阅读。自此之后，他对百家之说尽数阅览，学识渊博而沉静少欲，并著有《孔乐》《圣真》等书，在文学方面有很高的成就。

四十岁时，他患了风痹病，十分痛苦，在学习上却仍是不敢怠慢。有人不解他为何对学习如此沉迷，他说：“朝闻道，夕死可矣。”说如果早上明白了一个道理，就算晚上便死去，也是值得的。皇帝敬他品格高尚、学识丰富，便请他做官，他不但回绝了，竟然还向皇上借了一车的书来读，也算得上是一桩奇事了。

哲学观念

皇甫谧继承了先秦以来一元论的哲学观点，认为气是构成万物生命的根源。他在《针灸甲乙经》中指出："天之在我者德也，地之在我者气也，德流气薄而生也。"这段话的意思是天之德，地之气，阴阳交合，生成万物，也就是说，天所赋予的是生生之机，气所赋予的是物质基础，两相结合，万物才有生化之机。自然界万物万象正是由于所受气不同而致。

从四时气候来说，有春、夏、秋、冬四气，从自然来说有风、雨、雷、电等气，气是天地万物最原始的物质基础。人作为自然界的一部分，也是禀气而成。

他在《针灸甲乙经·精神五脏论》中说"两精相搏谓之神"，即两性之精气结合，产生新的生命，而新生命随着形体的完备，也相应地具备了精神。"人有五脏化五气，所生喜、怒、悲、忧、恐"。可见人的精神状态完全是随着物质器官的形成而出现。人死后，形体消亡，精神就不存在了，"精歇形散"正是这个道理。

皇甫谧文化园

隋代著名医学家——巢元方

巢元方，隋代医家。大业中任太医博士、太医令。大业六年，奉诏主持编撰的《诸病源候论》是中国第一部专论疾病病因和症候的专书。

《诸病源候论》又称《巢氏病源》，足见巢元方对这部巨著问世刊行之功高不可没。《诸病源候论》全书 50 卷，按病因症候分为 67 门，共载列专论 1 720 条。书中每条专论包括疾病发生原因、病理转、病变表现，专论后附有导引按等外治方法，却不同于历代方书那样列法载方，以示本部巨著专为探讨诸病之“源”“候”而设。《诸病源候论》的问世，标志着中医病因学、征候学理论得以系统建立。它“荟萃精说，沉研精理，形脉证治，罔不该集”，唐代孙思邈撰著《千金要方》《千金翼方》；王焘编著《外台秘要》；宋代大型方书《太平惠方》，其中关于

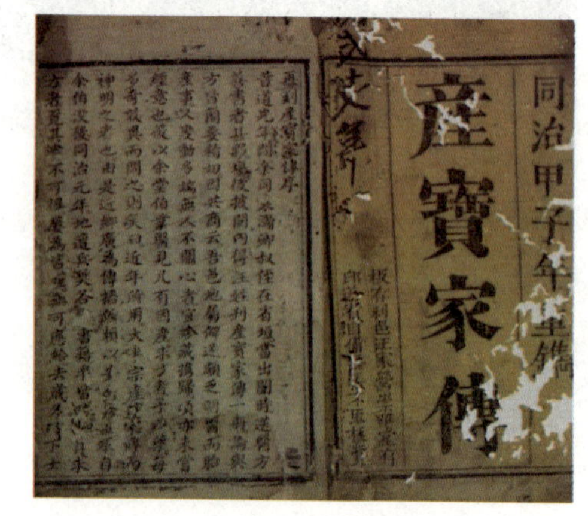

同治甲子年

產寶家傳

《诸病源候论》

疾病病因及症候的论述及分析，大都以《诸病源候论》为宗。

医学成果

关于血吸虫病的征候表现，在水毒、射工、溪毒、中水、溪温等病名下均有描述，主要表现为起初寒热恶冷、头微痛、目眶痛、腹痛、心烦、洞泄、齿龈溢血，继则饮食不入，神志错乱恍惚等。巢元方在当时满足实施的条件下提出了一个独特的诊断方法：以大蒜数升捣碎放入温水中，令患者自浴，浴后遍身赤色斑纹出现者，即为血吸虫感染。这个方法以今天的角度来看，或许早已落后不足一提，然而对一千多年前的医学及社会发展水平而言，是一个大胆的探索和可行的措施。

关于沙虱感染人，巢元方指出是由于在疫区的山洞水泽中洗浴，或阴雨天行涉于草丛中，细不可见的沙虱便“着于人身”，“钻入皮里”。关于预防发病的方法，巢元方指出应以微火熏燎，以期沙虱畏热而自行坠地。

在关于沙虱病的记载中，古老的以毒攻毒思想具有免疫学意义上的萌芽作用，巢元方提出在冬季将沙虱研为细屑，合麝香末涂于周身，以期预防日后发病。

医学价值

巢元方编撰的《诸病源候论》是中国历史上第一部专述病源和症候的书，书中虽没有记载治法和方药，却有很强的资料价值，为医者的案头常备用书。书中记载了“疥虫”是疥疤的病源，它藏在湿疥的脓疤中，可用针头挑出，形似水中的蜗牛，其观察十分细腻，也是病因学说在形态学上的一大进步。

书中对“绦虫”也进行了比较详尽的解说，其中讲道：寸白虫会一段段的增生，逐渐长大达四五尺长，这与现代医学对绦虫的描述十分接近，并且指出了这种病的发生与食用未熟的鱼和牛肉有关。

书中描写了“漆疮”，这是一种发生在对漆敏感的体质的人身上的米粒样的丘疹。当接触到漆以后，只有这类人身上会出现，而其他人没有，这也是最早的免疫学研究，可以说这时的病因学说，对于过敏的认识已经十分全面了。书中还对传染病，如肺结核、天花、脚气病等都有较详细的记载。在养生方面，也很有真知灼见：文中提出刷牙是保证牙齿健康的关键，甚至还描写了肠吻合手术的步骤、方法、缝合及护理等。可见当时的外科手术也是比较发达的。

巢元方医术高明，精通医理，临床经验也很丰富。隋大业五年主持开凿运河工程的开河都护麻叔谋在宁陵患风逆病，全身关节疼痛，起床即头晕作呕，诸医诊治无效。隋炀帝令元方前往诊治。巢元方诊后认为是风入腠理，病在胸臆。须用嫩肥羊，掺入中药蒸熟食下则愈。麻叔谋依方配药，蒸而食之，药未尽而病愈。元方又嘱其继续服药膳调理，可以防止疾病复发。

巢元方

“药王”——孙思邈

孙思邈，唐朝京兆华原人，著名的医师与道士，是中国乃至世界史上伟大的医学家和药物学家，被后人誉为“药王”，许多华人奉之为“医神”。

他十八岁立志学医，二十岁即为乡邻治病。他对古典医学有深刻的研究，对民间验方十分重视，一生致力于医学临床研究，对内、外、妇、儿、五官、针灸各科都很精通，有二十四项成果，开创了我国医药学史的先河，特别是论述医德思想，以及倡导妇科、儿科、针灸穴位等是前人未有的。

孙思邈采药图

他一生致力于药物研究，曾上峨眉山、终南山，下江州，隐居太白山等地，边行医，边采集中药，边临床试验。

他是继张仲景之后中国第一个全面、系统地研究中医药的先驱者，为我国的中医发展建树了不可磨灭的功德。

拒绝当官

孙思邈交友广泛，诗人卢照邻、文学家兼医学家孟诜、书法家宋令文、大臣谢季卿与医林二兄弟甄权、甄立言皆与他时常切磋交往，这些人还拜孙思邈为师，孙思邈则时常有妙论发表于席间，令众人茅塞顿开。

孙思邈塑像

唐太宗求贤若渴，召其入京，当时孙思邈已过中年，但面容、气色、形态仿佛少年人，李世民见之大喜，又深为感叹，赐其官职，孙思邈谢绝。唐高宗即位，也闻其名，赐其谏议大夫，孙思邈仍未允。孙思邈当时隐居在太白山、终南山一带，在湖光山色中遍阅历代名医扁鹊、华佗、张仲景、皇甫谧、葛洪的医学典籍，并两次入川采集药草，专治疑难杂症，许多病危患者经他妙手调理，居然化险为夷。

“胆欲大而心欲小，智欲圆而行欲方”，这是孙思邈对“良医”的标准。他认为，行医者胆子要大，但在诊病与治疗时需十分小心；他还认为，医生对症下药要灵活多变，不同的病症不能拘泥于同一医法。作为医生，要心胸开阔，行事堂堂正正。贪婪与私利是行医者之大忌，这也是孙思邈一生处世之规范。

由此可见，孙思邈屡次拒绝入仕，是因为他认为官场坎坷而风险太大，人入仕途易生贪欲之念，耗费精力而求名利，实在无益于健康。孙思邈重视调适与锻炼身体，创造了一套简易的养生之法，至 90 岁仍“视听不衰，神采甚茂”。他在百岁之后曾勉强接受“承务郎”一职，为了阅读宫内珍藏的医学文献，当他搜集完资料又辞官告老还乡，隐居于五台山中，完成了医学名著《千金翼方》。

被人称为“圣童”

孙思邈 7 岁的时候，就认识一千多字，每天能背诵上千字的文章。自谓“幼遭风冷，屡造医门，汤药之资，罄尽家产”。及长，通老、庄及百家之说。年十八立志究医，“颇觉有悟，是以亲邻中外有疾厄者，多所济益”。到了 20 岁，就能侃侃而谈老子、庄子的学说，并对佛家的经典著作十分精通，被人称为“圣童”。

"治病求本,本于阴阳"——王冰

王冰,号启玄子,约生于公元710年,卒于公元804年。曾任唐代太仆令。年轻时笃好养生之术,留心医学。潜心研究《素问》达12年之久,经过分门别类、迁移补缺、阐明奥义、删繁存要及前后调整篇卷等整理研究工作,著成《补注黄帝内经素问》24卷,81篇,为整理保存古医籍做出了突出的贡献。

王冰结合自己丰富的医学知识,使《素问》的奥义得以晓畅,补入了《天元纪大论》《五运行大论》《五常政大论》《六微旨大论》《六元正纪大论》《气交变大论》《至真要大论》等篇章。在论述水液的输布代谢时,他谈到了肺脾二脏的重要作用,其注释尤其强调肺脾肾三脏在水液代谢方面的功能。

他所提出的"冲为血海,任主胞胎,二者相资,故能有子"理论,为历代医家所遵奉。他把各种疾病的病因病机概括为四类:一者始因气动而内有所成,二者不因气动而外有所成,三者始因气动而病生于内,四者不因气动而病生于外。这种分类方法将病因病机结合在一起，有别于三因学说，备受后世宣扬。

独到的医学见解

王冰对我国医学理论的某些问题，具有独到的见解。如他在解释《素问·至真要大论》中的“微者逆之，甚者从之”时，提出了人火、龙火的概念。他说：“夫病之微小者，犹人火也，遇草而芮，得木而燔，可以湿伏，可以水灭，故逆其性气以折之攻之。病之大者，犹龙火也，得湿而焰，遇水而燔，不识其性，以水湿折之，适足以光焰诣天，物穷方止矣。识其性者，反常之理，以火逐之，则燔灼自削，焰光扑灭。”

王氏认为人火与龙火是两种性质完全不同的火。前者属一般的火热，其性质属阳热而伤阴液，可以用寒凉药物治疗，如肝火目赤，胃火牙疼等，可选用清泻肝胃之火的龙胆草、黄连、石

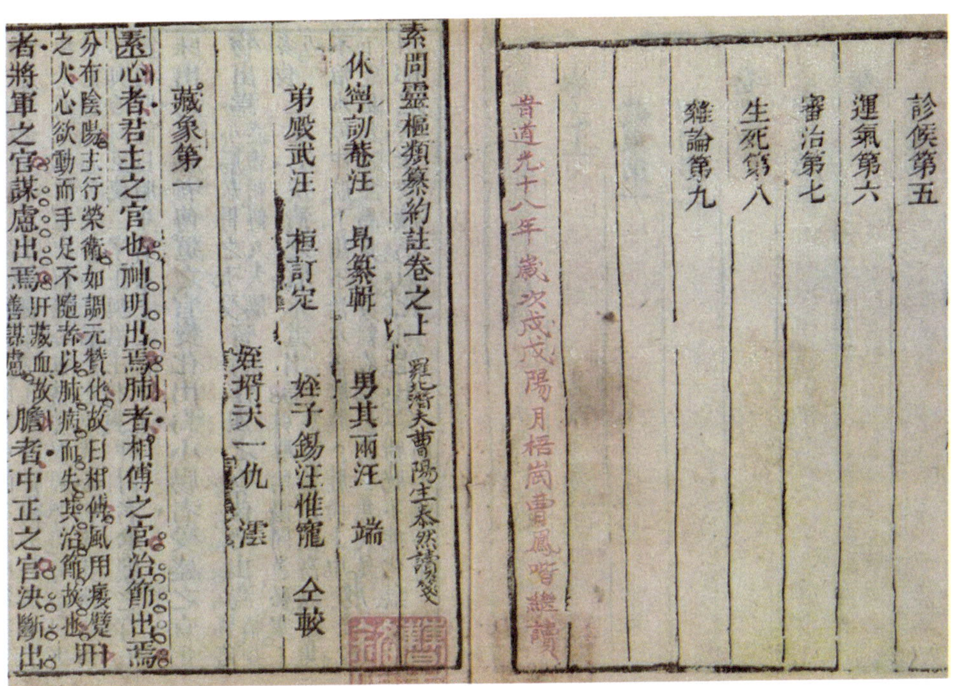
診候第五
運氣第六
審治第七
生死第八
雜論第九

素問靈樞類纂約註卷之上
休寧訒菴汪 昂纂輯 男其兩汪 端
弟殿武汪 桓訂定 姪子錫汪惟寵 仝較
姪壻吳一仇
藏象第一
心者君主之官也神明出焉肺者相傅之官治節出焉
者將軍之官謀慮出焉膽者中正之官決斷出焉

《素问》内文

王冰像

膏、大黄等。而所谓龙火，其性质与古代传说中的龙相似，龙为水生之物，水盛则龙腾，故这种火的特点是使用寒凉药物治疗不仅不能灭其火，相反还会助火生热。因此，主张治疗龙火应采用以火逐火的方法。

在医学史上功不可没

王冰在“治病求本”的原则指导下就有关“正治、反治”问题进行了探讨。比如说：“逆者正治也，从者反治也。逆病气而正治，则以寒攻热，以热攻寒。虽从顺病气，乃反治法也。”对于五郁之病的治疗，王冰分别采用吐、汗、下、渗、泄等方法，使《素问》的五郁治法更加明确具体。

《黄帝内经》是战国至西汉成书的中医理论典籍之一，是中医学理论的渊薮。王冰整理注释《黄帝内经素问》，在我国医学史上功不可没。他所整理的《素问》传本成为后世医家研究该书的蓝本。

王冰对我国医学理论的某些认识和创见，至今仍有非常重要的研究和参考价值。

北宋医学家——王惟一

王惟一，名王惟德，北宋医学家。他在宋仁宗时期当过尚药御，对针灸学很有研究，集宋以前的针灸学之大成，著有《铜人腧穴针灸图经》一书，奉旨铸造针灸铜人两座。

王惟一对医学，特别是针灸学有重要的贡献。其主要成就在于编著《铜人腧穴针灸图经》、铸铜人和刻石碑。

王惟一塑像

《铜人腧穴针灸图经》

《铜人腧穴针灸图经》全书共三卷，公元 1026 年成书。

书中把三百五十四个穴位，按十二经脉联系起来，注有穴位名称，绘制成图，为铜人注解。图样完整，内容丰富，经穴较多而系统。按照图可查到所需用的穴位，按照穴位可查到所治之症候，是我国古代医学典籍中一部很有价值的针灸学专著。形式略与近代《图解》相似，书中详述各个针灸穴位间的距离长短、针刺的深浅尺度，以及主治、功效等项。

上卷主要论述了十四经，包括心、肝、脾、肺、肾、胃、胆、大肠、小肠、膀胱、三焦、心包络、任脉、督脉的经络循行、主治及经穴。中、下卷分别按照头、颈、躯干、四肢的顺序，详叙每一经穴。据宋史《艺文志》记载，原书共为三卷，后于南宋时，有人重制补注，改为五卷——《针灸图经录》，约成书于 1026 年。

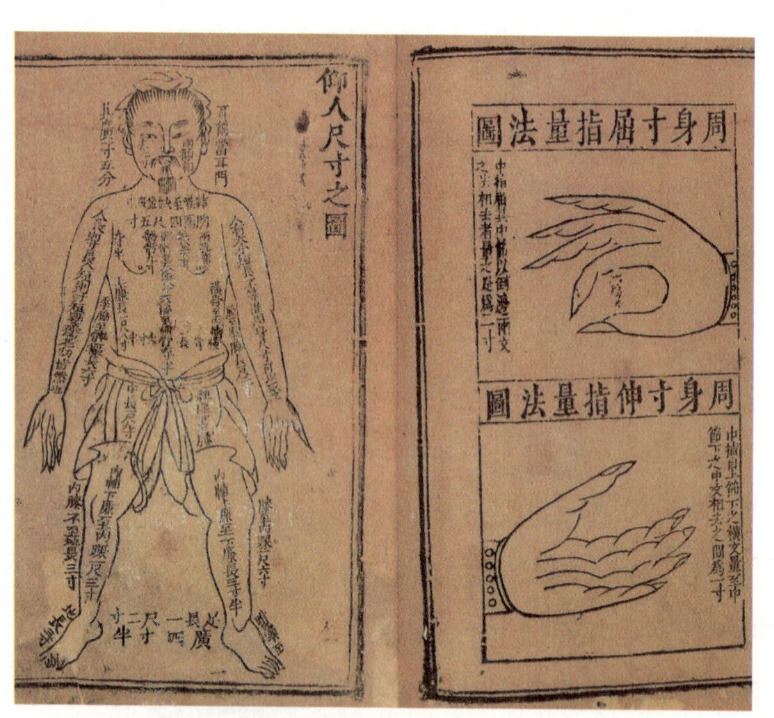

《铜人腧穴针灸图经》

医学影响

王惟一"素校禁方，尤工厉石""创铸铜人为式""考订经穴理论”，发展与规范了针灸教学、经穴理论，是宋代杰出的针灸学家和医学教育家，为中国医学的发展做出了不可磨灭的贡献。

他选择了精制的铜，铸成和一般人大小相似的人体型，里面装有铜铸成的脏腑，躯壳表面刻有三百五十四个孔，孔内装满水银，外封黄蜡，以防水银流出。当老师出题针刺某穴，或提问何病症该针何穴时，学生照题试针。若针得正确，一进针水银便会流出；若针得不对，就刺不进去。

经络铜人像

铜人的铸造，对中国医学的发展，尤其在针灸学和针灸教学方面，起了很大的促进作用，故为历来针灸学家所推崇，即至现在仍有学习和研究的价值。

《证类本草》作者——唐慎微

唐慎微，北宋医学家，字审元，蜀州晋原人。他把前人研究过的一千多种药物和两百多家单方综合起来，凭自己的实践经验做了详细的考订，写成《经史证类备急本草》，后也简称《证类本草》，这部书受到了后世医药学家的重视。

唐慎微虽语言朴讷，其貌不扬，但睿智明敏，医术精湛，医德高尚。患者不分贵贱，有召必往，风雨无阻。他为读书人治病从不收钱，只求以名方秘录为酬，因此学者喜与交游，每于经史诸书中得一方一药，必录而相咨，从而积累了丰富的药学资料。

经多年收集整理，编成《经史证类备急本草》三十一卷、目录一卷。该书总结前代药物学成就，举凡经史百家，佛书道藏中有关医药记载，均加择录，收药达一千七百四十六条。其书初成于元丰五年前后，后经陆续增补，约于元符元年至大观二年间定稿，由艾晟校补刊行，名《大观经史证类备急本草》三十一卷。政和六年医官曹孝忠据此重新校正，名《政和新修经史证类备用本草》三十卷。

明代李时珍编写《本草纲目》主要以此为蓝本。为唐氏编撰

《经史证类备急本草》增广见识，提供了有利条件。

志愿的实现

在宋代以前，中国的医药书籍几乎全部靠手抄笔录或者口传心授保存下来。在这样的条件下，一本新的著作问世，若干年后，要么流失殆尽，要么经过反复传抄，错误百出。这种状况自然大大影响了医药发展的速度。

直到北宋时期，印刷术盛行，许多医药书籍才得以刻版流传。

北宋初开宝年间，由政府组织人员编写了《开宝本草》。嘉祐年间，又由政府组织儒臣医官分别编写了《嘉祐本草》和《本草图经》两本药书。

这两次对本草学的整理，使许多重要的本草学著作得以保存下来。但是，上述两次官修本草时，对古代的医药书籍只是有选择地采录，还有很多药学资料被遗弃了。如果不及时加以收集，这许多

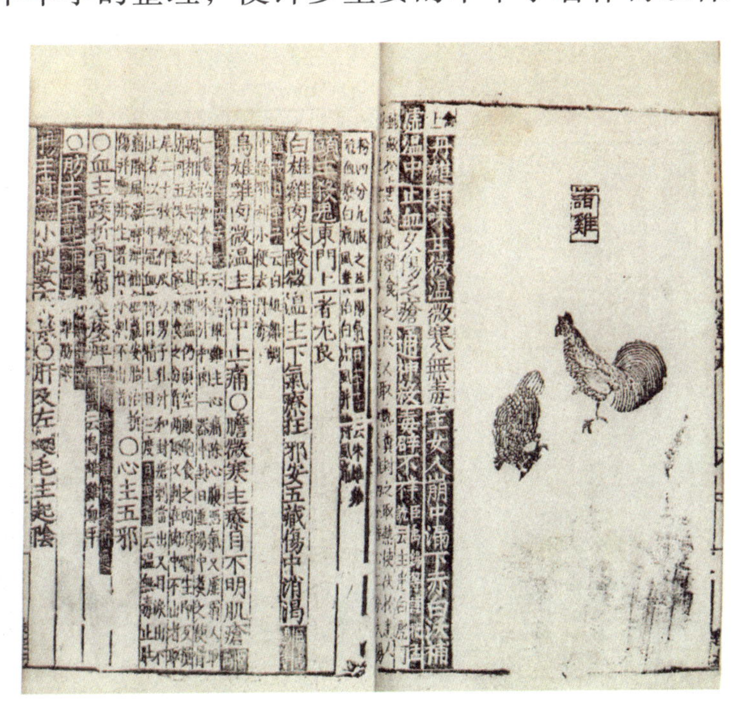

《证类本草》内文

手抄的古代药学资料就面临着被湮没的命运。尽可能让前人所有的药学知识流传千古，就成了唐慎微的最大心愿。

但要收集众多的古代手抄药学资料谈何容易。北宋两次官修本草，动用了政府的力量，向全国征集图书资料。国家图书馆里收藏的图书秘籍，成为编写本草书籍的资料来源。官修本草的编写班子由饱学的儒臣领衔，有朝廷的医官参加，人员众多。可是，一位名不见经传的民间医生，怎样才能实现这一宏愿呢？

有志者事竟成，唐慎微利用自身的优势，想出了一个绝妙的好办法。唐慎微想：读书人接触的书多，让他们来帮着自己收集资料不是更好吗？为此，唐慎微定下一个规矩，凡是士人来找自己看病，分文不取，但只有一个条件，就是希望他们帮助收集名方秘录。这个新奇的办法深得读书人的欢迎。他们在看各种经史百家书时，只要发现一个药名、一条方论，就赶紧记录下来告诉唐慎微。就这样，经过长时间的积累，唐慎微终于收集

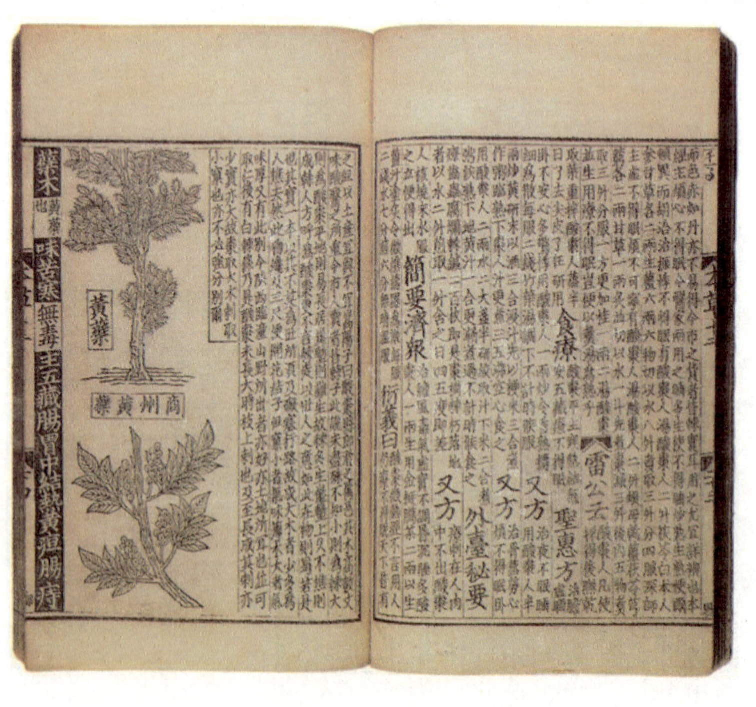

《证类本草》内文

到了大量的医药资料。依靠这些资料,唐慎微编成了本草史上划时代的巨著《经史证类备急本草》。

唐慎微凭借个人之力,终于圆了他自己的一个梦。他以自己的智慧克服了收集资料的困难,他用毕生心血凝成的《证类本草》一书,在本草发展的历程中树起了一块丰碑。

文献价值颇高

唐慎微在《补注神农本草》《图经本草》等书的基础上,广泛采集医家常用和民间习用的验方单方,又从经史百家文献中整理出大量有关医药学资料,结合自己丰富的实践经验进行研究,于 1082 至 1083 年间,编写了药物学巨著《证类本草》。

《证类本草》收载药物 1 558 种,多附药图,并说明药物的采集、炮制方法和主治功能,在每药之后附载有关方剂,首创了沿用至今的"方药对照"的编写方法。尚书左亟蒲传正看过该书初稿后,要保荐唐慎微做官,但唐慎微拒而不受,继续修订增补自己的本草著作,约于 1098 年以后定稿。

《证类本草》此书问世后,历朝修刊,并数次作为国家法定本草颁行,沿用五百多年,明代李时珍在编撰《本草纲目》时,也曾用该书作为蓝本:"自陶弘景以下,唐、宋本草引用医书,凡八十四家,而唐慎微居多。"刘衡如在 1975 年校点《本草纲目》时写道:"证类本草,这是纲目以前内容最完备的一部本草。因此,作为这次校勘的主要参考书。"

《证类本草》囊括了上自《神农本草经》,下到北宋《嘉祐本草》以前的历代医药文献精华,是中国现存年代最早和内容最完整的一部划时代本草学名著。该书内容丰富广泛,资料翔实可靠，注释详尽，体例严谨，层次分明，是中国医药宝库中的一颗光辉灿烂的明珠，是后世学者考察本草学发展史，辑佚古本草、古医方书籍的重要文献源泉。其对本草学的贡献极大，对文献学价值极高。

唐慎微热心于医，曾被荐官而不就。他不仅医术高明，而且医德高尚，“其为士人疗病，不取一钱，但以名方秘录为请，以此士人尤喜之，每于经史诸书得一药名，方论，必录以告。”

唐慎微搜集了大量民间的单方验药，并皆散入书中相关条目之下。他在编辑《证类本草》时，翻阅了大量书籍文献，被其引用的书籍达 247 种之多，其中本草、方剂方面的书籍有《雷公炮论》《本草拾遗》《食疗本草》《千金方》《外台秘要》《圣惠方》《灵苑方》《肘后方》等。唐慎微除广泛搜集宋朝以前的本草、方书的内容外，还将经史子集、佛书道藏中有关方药的内容亦收编书中，如《毛诗注疏》《尚书注疏》《礼记注疏》《周礼注疏》《春秋左传注疏》《尔雅注疏》《史记》《淮南子》《抱朴子》《山海经》《青霞子》《宝藏论》《房室经》《孙真人枕中记》《太平广记》《野人闲话》《北梦琐言》等无不在其引用之列。

明代伟大的医药学家李时珍说：“使诸家本草及各药单方，垂之千古，不致沦没者，皆其功也。”此评价是十分公正的。

“许学士”——许叔微

许叔微，字知可，宋真州白沙人，南宋医学家，曾为翰林学士，成年后发愤钻研医学，活人甚众。其所著的《普济本事方》又名《类证普济本事方》，书中共收录方剂三百余种，按病种分为二十五门。该书是许氏数十年医疗经验的结晶，采方简要，理论清晰，有较高的实用价值。许叔微著有《伤寒百证歌》《伤寒发微论》《伤寒九十论》《类证普济本事方》《仲景脉法三十六图》等，著书存世较少。此外，尚有《活法》《辨证》《翼伤寒论》等书，因久已失传，无从稽考。

他一生著述颇丰，辑有《普济本事方》10卷、《续本事方》10卷。著有《伤寒百证歌》5卷、《伤寒发微论》2卷、《伤寒九十论》合称《许氏伤寒论著三种》《治法》《辨

许叔微故居所在地

证》《翼伤寒论》《仲景脉法三十六图》等书。

《伤寒百证歌》是以歌诀体裁将仲景方论编成100证，以便后学记习。遇“有证无方”者，就以《千金》等所载之方补上；有议论不足者，多取《巢氏病源》及朱弘、孙尚、孙用和等人言论加以发挥。《伤寒发微论》共22论，第一论列举伤寒72证，详加阐释，第二论以下多为作者心得的零散札记。《伤寒九十论》每论首记病例症状及治疗经过，加以评论，颇似今日之病案讨论。《普济本事方》是“漫集已试之方及所得心意，录以传远”的著作，每方首列主治、方名及药味分量，次录治法、服法，后附一二个病例，并加评述。其中，关于言气搬不可作中风候、益肾宜用滋补之品及区别肠风、脏毒、血痔的不同等论点都颇有见地。许叔微于绍兴二十四年逝世，终年74岁，葬于马迹山檀溪村东麓。现马迹山建有许叔微故居“梅梁小隐”，有行迹“隐居泉”等。

人生经历

公元1127年1月，金兵大将完颜宗望、完颜宗翰破京城，俘虏了宋徽宗、宋钦宗。许浩随从宋徽、钦二帝被金人掳去，押至五国城，其后殉难。父许淺，为武大夫，官至左翊武功郎，居真州白沙镇。许叔微少年时家境清贫，课子读书甚严，他自幼天资聪颖，数年工夫私塾的经书都背得烂熟，经乡试成为年轻的秀才。好景不长，无

许叔微塑像

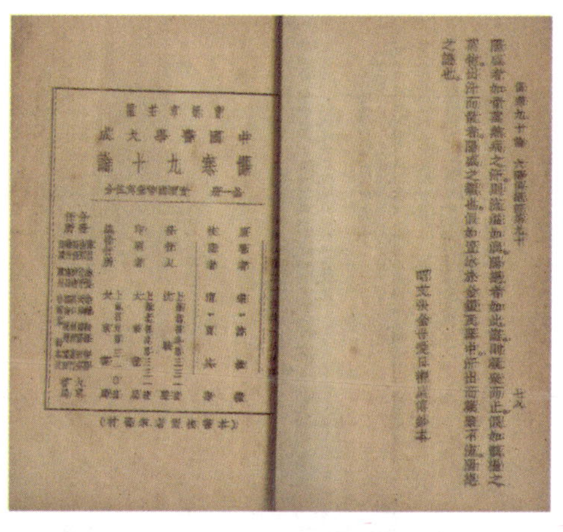

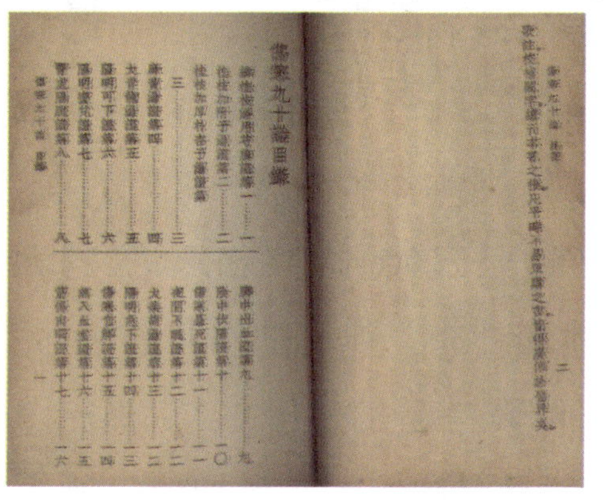

《伤寒九十论》内文

忧的少年时代很快因家庭的变故而结束，在十一岁那年，父亲患瘟疫，病情严重，当时医生医术不高，用药后病势加重，在弥留之际，握着许叔微的手留下了几句遗言：“一定要多读书，或为官济世，或为医活人，要做个好人啊。”不久就去逝。

父亲的突然病逝让小小的许叔微感到莫大的悲伤，此后母子俩相依为命，母亲一直吃斋食素，身体本就素弱，再受到丧偶的打击，日渐虚衰，两个月后的一天，终因悲痛劳累过度，突然倒地，不省人事昏迷中的母亲牙关紧闭，口中流涎，许叔微赶紧叫来医生，医生诊断是中风病，得用泻药，开了三粒泻下的大通丸，谁知母亲服后大泻数次，精神涣散，昏迷不醒，不久即撒手人寰。

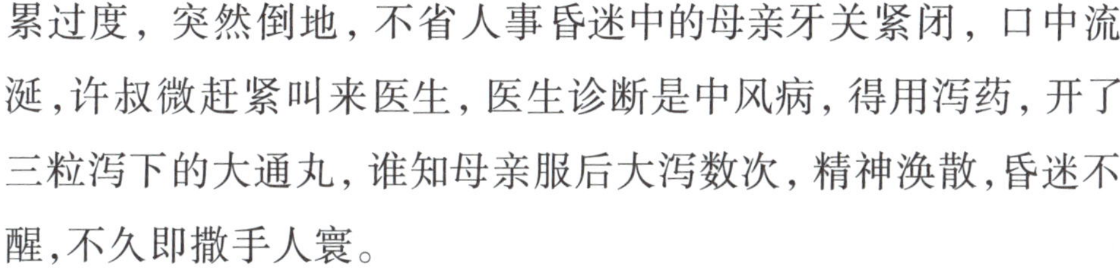

母亲的去世，离父亲去世还没到一百天，许叔微百日之内，并失怙恃，成了孤儿，生活上孤单凄惨，靠伯父和乡邻的帮助勉强度日和求学，但性格倔强坚强的他并未在失去双亲的悲痛中消沉，而是“痛念里无良医，束手待尽”，发誓要成名医，拯救众多像父母一样的病人，这成了11岁孩童最初的志愿。

绍兴二年，许叔微中进士，历任徽州、杭州府学教授及翰林

学士，人称“许学士”。因不满高宗苟安江南及秦桧陷害忠良，退隐乡里，行医济人。与抗金名将韩世忠过从甚密。岳飞被害后，韩世忠自请解职，移居苏州，常渡太湖访许叔微，共抒忧国情怀。许叔微是宋代研究《伤寒论》的大家之一，对辨证施治理论多有阐述和补充。他说：“伤寒治法，先要明表里虚实，能明此四字，则仲景三百九十七法，可坐而定也。”在其学术思想中，较突出的是对脾肾关系的理解，他认为肾是一身之根柢，脾胃乃生死之所系，二者之中又当以肾为主，补脾“常须暖补肾气”。这一见解对后世进一步研究脾肾关系和临床作用很有启发。

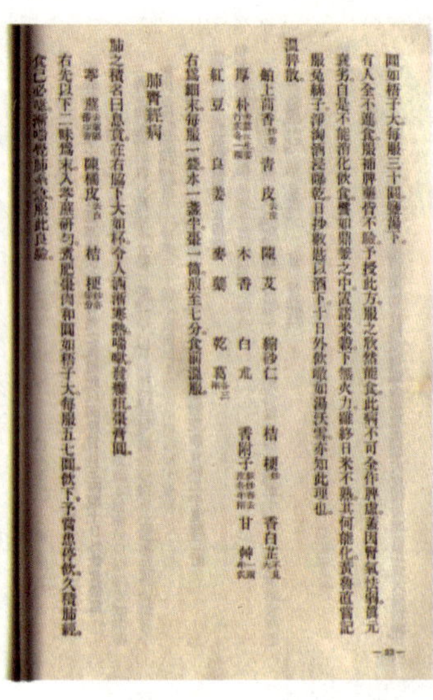

圓如梧子大，每服三十圓，醋湯下。

有人全不進食，服補脾藥皆不驗，予授此方，服之欣然能食。此病不可全作脾虛，蓋因腎氣怯弱，真元衰劣，自是不能消化飲食，譬如鼎釜之中置諸米穀，下無火力，雖終日米不熟，其何能化？黃魯直嘗記服菟絲子，淨淘酒浸，曝乾，日抄數匙，以酒下，十日外飲啖如湯沃雪，亦知此理也。

溫脾散

舶上茴香　青皮　陳艾　縮砂仁　桔梗　香白芷
厚朴　木香　白朮　香附子　甘草
紅豆　良姜　麥蘖　乾葛

右爲細末，每服一錢，水一盞，棗一個，煎至七分，食前溫服。

肺腎經病

肺之積名曰息賁，在右脅下，大如杯，令人洒淅寒熱，喘嗽，發癰疽。棗膏圓。

葶藶　陳橘皮　桔梗

右先以下二味爲末，入葶藶研勻，煮肥棗肉和圓如梧子大，每服五七圓，飲下。予嘗患停飲，久積肺經，食已必嚏，漸喘，覺肺系急，服此良驗。

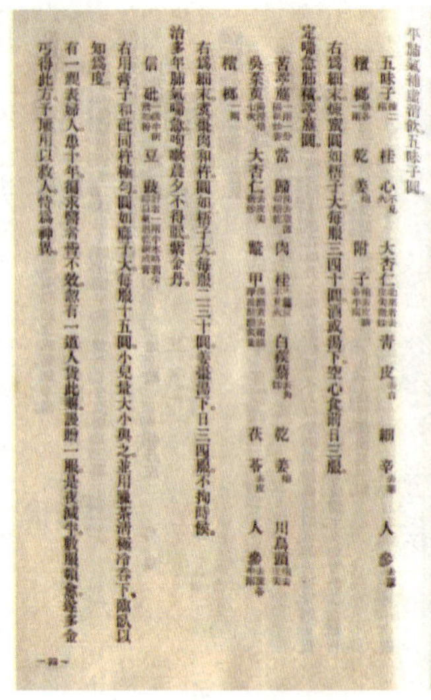

平肺氣補虛消飲，五味子圓。

五味子　桂心　大杏仁　青皮　細辛　人參
檳榔　乾姜　附子

右爲細末，煉蜜圓如梧子大，每服三四十圓，酒或湯下，空心食前日三服。

定喘急肺積，葶藶圓。

苦葶藶　當歸　肉桂　白蒺藜　乾姜　川烏頭
吳茱萸　大杏仁　鱉甲　茯苓　人參
檳榔

右爲細末，煮棗肉和杵，圓如梧子大，每服二三十圓，姜棗湯下，日三四服，不拘時候。

治多年肺氣喘急，呴嗽，晨夕不得眠，紫金丹。

信砒　豆豉

右用膏子和砒同杵極勻，圓如麻子大，每服十五圓，小兒量大小與之，並用臘茶清極冷吞下，臨臥以知爲度。

有一親表婦人患十年，遍求醫者皆不效，忽有一道人貨此藥，謾贈一服，是夜減半，數服頓愈，遂多金丐得此方，予屢用以救人，恃爲神異。

《普济本事方》内文

研究成就

许叔微所著《普济本事方》，该书是许叔微数十年医疗经验的结晶，采方简要，理论清晰，有较高的实用价值。根据书中有关方剂可分析许叔微防治老年病的经验。

老年人虽然体质多虚，但有病时仍需要临症用药，不可因为疾病较重而害怕，或者不判断疾病类型而擅自治疗。书中列出方剂及医案有很好的借鉴意义。

虚症宜补者，以补脾补肾为主。在五脏病症中，许叔微仅仅于脾肾两脏列出了补益方剂。对于补肾，他提倡柔剂温养，反对滥用刚燥，推崇肾沥汤、香茸丸等。

对于某些重病、慢性病，不可操之过急。指出了临床用药与辨证治疗的禁忌等，对后世医家有很好的指导意义。

1149 年，许叔微 70 岁，已是桑榆之年，仍手不释卷，不废耕耘，将平生运用经方的案例整理编撰成书，定名《伤寒九十论》，书中选择了九十个不同的伤寒病案，记载详细而真实，包括十一例死亡病案，每例之后以《内经》《难经》《伤寒论》《诸病源候论》等医籍为基础，结合个人的见解加以剖析；案案皆用张仲景的治疗方法，又灵活变通，遇《伤寒论》中有论无方时，选《千金要方》《活人书》等书补入，如治热入血室用小柴胡加地黄汤；主张大黄为伤寒之要药，生用有力，不需酒洗；论伤寒慎用丸药；桂枝汤中的赤芍白芍辨等论皆高出前人，反映了许叔微较高的理论水平与治疗技艺。书中提出“十剂”的方剂理论，对后世影响深远。

许叔微像

著作《阴证略例》——王好古

王好古，元代赵州人，早年博通经史，以进士官本州教授，兼提举管内医学。曾经与李杲一起学医于张元素，但其年龄较李杲小二十岁左右，后又从师于李杲，尽传李氏之学。张元素强调脏腑辨证，重视分辨病变所在脏腑的寒热虚实，李杲阐发脾胃学说，尤重脾胃内伤虚证的探讨。在张、李二家的影响下，王好古又着重于《伤寒论》方面，而独重由于人体本气不足导致阳气不足的三阴阳虚病证，另成一家之说。

王好古的学术思想源于《内经》《伤寒论》等经典，并受历代医家，如王叔和、朱肱、许叔微、韩祗和等的影响，特别是其师张元素的脏腑议病及李杲的脾胃内伤论，对他的熏陶尤深，

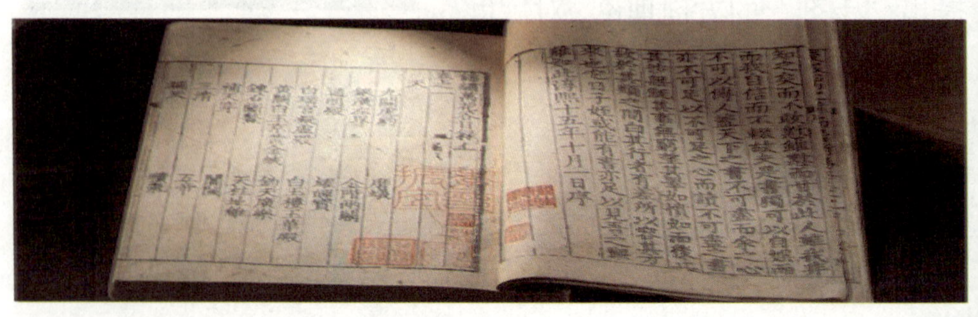

王好古著作

所有这些都奠定了其阴证学说的基础。

医学成就

自张仲景的《伤寒论》问世后，历代医家俱奉为经典，进行深入研究。但是一般研究《伤寒论》者多详于三阳证而略于三阴证，《伤寒论》有关阴证的阐述并没有受到医家的重视。

王好古在临床实践中深感“伤寒，人之大疾，其候最急，而阴证毒尤惨。阳证则易辨而易治，阴证则难辨而难治”，更何况临证时单纯之阴证，阳证并不多见。“病者虚实互见，寒热交分，气运加临，脉候不应，苟或圭黍之差，已有云渊之失”。

因此，为使医者临证，“阴阳寒热如辨黑白”，使人民“免横夭以无辜，皆康宁而得寿”，他耽嗜数年，搜前贤之嘉言，又验之临床，十年三易其稿，著成《阴证略例》一书，是后世诸家有关阴证、阴脉的论述为其立论的依据，对阴证的病因病机、诊断、治疗等做了详细的分析和阐述，可谓用心良苦。王好古伤寒内感阴证说的提出，是基于他对“内伤三阴”的认识。其师张元素治饮食内伤，曾根据气口脉象分别三阴经受病而用消、吐、下之法。他受此启发，悟得“洁古既有三阴可下之法也，必有三阴可补之法”。

王好古论内感阴证的病因，有内、外两方面。外因方面，他以《素问·生气通天论》“平旦人气生，日中而阳气隆，日西而阳气已虚，气门乃闭，是故暮而收拒，无扰筋骨，无见雾露，反此三时，形乃困薄”为据，指出阴证的形成与不知预防、外感寒湿露雾之邪有关，“阳气出则出，阳气藏则藏，晚阳气衰，内行阴分，故宜收敛以拒虚邪。动筋骨则逆阳耗精，见雾露则寒湿交侵”。

寒湿雾露之邪，因其性为阴而重浊，故“雾露入腹，虽不饮冷，与饮冷同”，可伤人阳气，导致阴证形成，显然这与一般所说的风寒雨湿外感肌肤而致病迥不相同。内因方面，王好古认为阴证与纵欲、劳倦、饮食生冷、平素体弱有关。

阴证的症候表现比较复杂，亦多变证和假象。为使医生临证“阴阳寒热如辨黑白”，所以王好古对阴证的诊断研究颇深。他认为辨识阴阳主要是在疑似之间，“若夫阳证，热深而厥，不为难辨。阴候寒盛，外热反多，非如四逆脉沉细欲绝易辨也。至于脉鼓击有力，加阳脉数倍，内伏太阴，发热烦躁，欲坐井中，此世之所未喻。”而未喻之证则不易辨，稍有不慎，则贻误病情。于是，他广采诸家之说，参以己见，总结归纳出十二种常见症状作为临证辨识阴证阳证的客观指标。

学术思想

王好古论伤寒为病，非常重视内因的作用，认为不论内伤外感，其所以为病，总由人体正气之虚所致。外感寒邪，内伤饮冷或空腹不食，均可导致内伤阴证的发生。但其得病有轻重之不同，诊后有可治不可治的区别，全在于人体正气的虚实程度。王好古的这一理论认识，与《内经》中“邪之所凑，其气必虚”“正气存内，邪不可干”的思想是完全一致的。不仅如此，他在以上文字中，还说明了出现三阴证的病机，与人体内已伏阴有十

王好古像

分密切的关系。这种从体质角度分析病机，强调体质从化观点，颇有实际意义。王好古论伤寒强调正气之虚为本，李杲论内伤病，亦强调元气不足为根，二者的观点基本一致。可见王好古之学受李杲之学术思想的启迪，是一脉相承的。

他依据个人经验，认为内伤三阴之证的治疗，厥阴之阴盛阳衰，治疗当以当归四逆汤，该方适用于“手足厥逆，脉细欲绝者”。少阴之阴盛阳衰，治疗当以通脉四逆汤，该方适用于“手足厥逆，脉微欲绝者”。太阴之阴盛阳衰，治疗当以理中汤，该方适用于“脉浮沉不一，缓而迟者”。王好古重视伤寒三阴证的研究，提出了“阳证易辨而易治，阴则难辨而难治”的认识，从一个侧面补充了前人研究《伤寒论》的不足，也是王好古将李杲的温补思想在《伤寒论》中灵活运用的表现，颇有独到之处。

王好古临床用药主张温养脾肾。其用返阴丹以治阴毒伤寒，心神烦躁，头痛，四肢逆冷。用霹雳散治阴盛格阳，烦躁不饮水。用四阳丹治阴毒伤寒，面青，手足逆冷，心肠气胀，脉沉细。用正阳散治阴毒伤寒，面青，张口气出，心下硬，身不热只额上出汗，烦躁不止，舌黑多睡，四肢俱冷。用火焰散治伤寒恶候。用白术散治阴毒伤寒，心间烦躁，四肢逆冷。用肉桂散治疗伤寒服凉药过度，心腹胀满，四肢逆冷，昏睡不识人变为阴毒恶证。以上诸方药中，返阴丹、回阳丹、火焰散、霹雳散、正阳散等均用附子为主要药物。若白术散、肉桂散之类，又多附子、白术并用，脾肾兼顾。

再如，其治内伤饮冷，外感寒邪无汗者，主张用神术散。对内伤冷物，外感风邪有汗者，用白术汤对伤寒内感拘急，三焦气虚无汗，手足自汗，或手背多汗，或肢体振摇，腰腿沉重，面红目赤等阴气盛阳气衰，两脉浮沉不一，或左右往来不定，有沉涩弱弦微五种阴脉形状而举按无力者，用黄芪汤。治疗伤寒阴证，又注意内伤生冷而损及脾胃，以人参、白术、黄芪等为主，扶正达邪。除此之外，他对阴证的辨析，具有丰富的经验，如对阴盛格阳、阴证发渴、呃逆、发热、大便秘、小便不通、小便赤及脉象等一一详辨，对自汗、谵妄、下血、四肢振摇等亦一一从阴阳加以分辨，在阴证诊断方面阐述颇详。

王好古论阴证，虽然从《伤寒论》三阴证入手，但其发展已不局限于此。使内伤外感阴寒病症的讨论走向深入，提出了阴证学说的系统认识，其虽师承张元素、李东垣之学，然又为之一变，为后世虚损病症的辨证治疗别开了法门。

王好古早年自号“海藏”，晚年才称“海藏老人”。1243 年，王好古在山西晋州，与麻革相识。这年王好古曾经住在山西潞州医生宋文之家里，并且有过多次的会诊合作。麻革这时可能在耶律楚材倡立的平阳经籍所任职，所以自称王官。麻革与潞州医生宋文之是好朋友，可能是受宋文之之托，又很佩服王好古的人品，所以为王好古的《阴证略例》写了序。

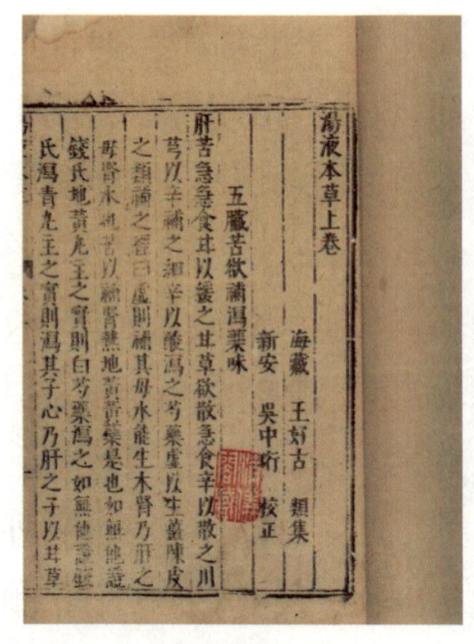
湯液本草上卷
海藏 王好古 類集
新安 吳中珩 校正
五藏苦欲補瀉藥味
肝苦急急食甘以緩之甘草欲散急食辛以散之川
芎以辛補之細辛以酸瀉之芍藥虛以生薑陳皮
之類補之經曰虛則補其母水能生木腎乃肝之
母腎水也苦以補腎熟地黃黃蘗是也如無他證
錢氏地黃丸主之實則白芍藥瀉之如無他證錢
氏瀉青丸主之實則瀉其子心乃肝之子以甘草

《汤液本草》内文

麻革在序中说王好古“早以通经举进士，晚独喜言医”。元朝举行科举考试的初科是在1240 年，据元兵攻陷开封仅 7 年。所以王好古“早以通经举进士”，只能是金朝的进士。

1233 年，金朝的崔立投降，麻

革当时作为太学生被召去参与立功德碑。这时的王好古虽然只有 33 岁左右,就已经有一定名气了。按王好古 1200 年出生,麻革写序的癸卯年应该为 1243 年,也就是王好古 43 岁。孔子说四十而不惑,麻革称王好古"晚独喜言医",似乎有点说不过去。不过这也可能是麻革的虚指。

《汤液本草》应该是王好古晚年著作,因为序中提及《医垒元戎》《阴证略例》《癍论萃英》《钱氏补遗》等书,安乐之法,《汤液本草》统之,其源出于洁古老人《珍珠囊》也。序文的时间为戊戌夏六月海藏王好古书,这个戊戌应为 1298 年,此时王好古的各种著作大多已经完成,而独未提及《此事难知》说明《此事难知》的完稿时间更晚。

以此看来,王好古出生在 1200 年左右,卒于 1308 年之后是可信的。王好古应该是一位享年百岁以上且著作丰富的高寿医生,而且还是赵州医学文学两界的领袖人物。

王好古行医的足迹,踏遍了河北的中南部、河南西北部及山西东南部。曾经在军队中服务,救死扶伤,又在山西与当地的医生交游共同会诊疾病,探讨病理。

王好古善于学习,在河南期间还学习了张从正的一些经验,如在《医垒元戎》中就有引用张从正的用药经验。王好古的医学理论上的成就虽然不如张元素和李杲显赫,但是他对阴证的论述为后世医学的发展提供了良好借鉴。他在毕生的论述中,保留了张元素和李杲的学术思想和资料,为后世研究张李之学,提供了大量的资料。他的《汤液本草》继承了此前历代本草的优点,系统吸收了张元素和李杲两家的药性理论及历代医家的用药经验,开创了本草著述的一种新形式。

王好古在医学史上有着重要地位，河北省中医药学会于1990年在石家庄市举行了“王好古学术思想研讨会”，并在赵县为王好古立碑纪念。

王好古的时代已经过去七百多年了，在现在的赵县，仍然流传着关于王好古和雪花梨的传说。

相传，一位道士送给赵州名医王好古的父亲一个大梨和梨籽。王好古和父亲在一眼水井边培育出一片梨林，五年后，梨树结出水灵灵、甜蜜蜜的梨，王好古父子就分与乡亲食用。后来，一位贪心的宰相想霸占这片梨园，王好古父子当然不肯相让。宰相恼羞成怒，倚仗权势，一夜之间把梨树全部砍光，王好古的父亲被活活气死。

在埋葬父亲的时候，王好古从土里刨出一个石匣，打开石匣，里面有本奇书，王好古受到了奇书启发，便把宰相砍下的树枝，嫁接到树桩子上，数日后，梨树死而复生。直到现在，人们嫁接雪花梨仍需要将杜梨树作为主要砧木。

雪花梨是水果中的佳品，也是治病的良药，它不仅爽口怡人，还具有清热解毒、化痰止咳的药用功效。《本草纲目》中说：“梨能润肺凉心、消痰降火、解疮毒酒毒。”据说，唐武宗李炎患病，口干面燥，心热烦闷，寻遍天下名医来调治，也始终不见好转。后来，青城山邢道人路过京城，被召入宫诊治。邢道人用雪梨和蜂蜜熬制成的雪梨膏，唐武宗服了以后，果然痊愈。雪梨膏从此兴盛起来，一直流传至今。

丹溪翁——朱丹溪

朱丹溪，字彦修，名震亨，元代著名医学家，因家乡有条美丽的小溪叫丹溪，故死后人们尊称他为丹溪翁。由于他医术高明，治病往往一帖药就见效，故人们又称他为“朱一帖”。朱丹溪所居的赤岸村，原名蒲墟村，南朝时改名赤岸村，继而又改为丹溪村，所以人们还尊称他为“丹溪先生”。朱丹溪倡导滋阴学说，创立丹溪学派。

朱丹溪青少年时期为应科举考试，钻研儒家经典。35 岁师从理学家许谦；43 岁从罗知悌学医。

朱丹溪塑像

在他小时候，读书能过目成诵，日记千言，言章辞赋，一挥即成。听说著名理学家许文懿在东阳八华山中讲学，专门传授朱熹的理学，他对许文懿讲授那套理学非常崇拜，听了“自悔昔之沉冥颠齐，汗下如雨”。他“每宵挟册，坐至四鼓，潜验默察，必欲见

诸实践。”他这样坚持学了几年，日有所悟，学业大进，成了一个学识渊博的“东南大儒”。

在他三十岁的时候，老母患上严重的脾病。他心情焦急，请了许多医生治疗都治不好。原来这些医生，大都医术粗劣，受当时社会风气影响，盲目搬用《局方》。开的药大同小异，吃下去一点效果也没有。这时，他深深体会到：医者，儒家格物致知一事，养亲不可缺。于是他立志学医，日夜攻读《素问》。以前，他也曾读过《素问》，觉得词简而义深，去古渐远，衍文错简，然后茫若望洋，淡如嚼蜡。

罗知悌精于医学，其学宗法刘河间，旁通于张子和、李东垣二家之说，认为：“学医之要，必本于《素问》《难经》，而湿热相火为病最多。”朱丹溪得他之传，又续加发挥。其主要著作有《格致余论》《局方发挥》《本草衍义补遗》《金匮钩玄》三卷。其门人整理编纂的《丹溪心法》可以体现他的医疗经验，对后世影响较大。

在逆境中成长的朱丹溪，性格豪迈，见义勇为。元大德四年，朱丹溪年满 20 岁，时任义乌双林乡蜀山里里正。他刚正不阿，敢于抗拒官府的苛捐杂税，因而深得民众的拥护，连官府都忌他三分。

朱丹溪 30 岁时，母亲患病，而“众工束手”，因此他就立志学医。他刻苦钻研《素问》等书，缺其所可疑，通其所可通，克服了学习上的种种困难，经过了 5 年的勤奋苦学，既治好了母亲的病，也为日后的医学打下良好的基础。

这时，朱丹溪已经 36 岁，他在强烈的求知欲驱使下，到东阳从师许谦，学习理学。过了 4 年，成为许谦的得意门生。后来他将理学结合于医学，推动了医学理论的发展。

延祐元年八月，恢复科举制度。丹溪在学习期间，曾参加过两次科举考试，但都没有考中。

科举失败并没有使丹溪灰心，他认为：要使德泽远播于四方，只有学医济人，才是最好的选择。这时，他的老师许谦，卧病日久，也鼓励丹溪学医。于是，朱丹溪决意断绝仕途，专心从事医学事业。有志不在年高，朱丹溪专心从医的时候，已40岁了。他一心扑在医学上，学业大有长进。过了两年，丹溪42岁时，治愈了许谦多年的顽疾。

朱丹溪45岁时，渡钱塘江，千里迢迢来到吴中。后到宛陵，上南徐，辗转建业，但始终没有找到一位适合当老师的人。有人告知，杭州罗知悌医术高明，学问精湛，他就不顾夏日的炎热，日夜兼程，匆忙赶到杭州求教。罗知悌精于医，得金刘完素之学，为刘完素的二传弟子，旁参张从正、李东垣两家，曾以医侍宋理宗。罗知悌对朱丹溪既有理论的传授，又有实践的教诲，使朱丹溪的医术有了长足的进步。朱丹溪经过长期不断地实践，总结出一个重要的论点，即阴易乏，阳易亢，攻击宜详审，正气须保护。为创立后来的丹溪学派奠定了坚实的基础。

关于朱丹溪治病的民间故事流传下来的很多。比如，传说在元朝时期，浙江某地有个孕妇想将饭篮挂到钩上，踮起脚尖，一挂两挂，腹部忽然一阵疼痛。从此腹痛不止，日夜不安。邻近的医生都开了安胎药，服后却总

朱丹溪陵园

不见效。孕妇的丈夫是个秀才，他对妻子说："看来只好去义乌县请神医朱丹溪了，他曾治好过我的病。"

原来此秀才的前妻暴病而死，秀才忧郁成疾。请遍本地的名医都不见好，就去义乌请朱丹溪治。那天，朱丹溪切过病人的脉，忽然说："啊！是有喜了！"他摸摸秀才的肚子又说："你茶饭不思，胃口差，是吧？"秀才听了，不禁失声大笑。朱丹溪说："真的，不会错，你是有喜了！喏，我给你开个保胎方。"

秀才笑得前俯后仰，还挖苦说："名不虚传！名不虚传！"连药方也不要。秀才回到家，逢人便说，见人就讲："义乌神医朱丹溪说我有喜——哈哈！哈哈！"整天大笑不止。说也奇怪，秀才药也没吃，毛病从此一天一天好起来，半个月后，竟完全好了。

秀才于是专程去酬谢朱丹溪，并请教治病妙法。朱丹溪答："古书云，'喜胜忧'，你悲痛过度而成忧郁疾，治病的方法主要就是调治你的精神。你一天笑了多少次？久而久之，病不就好了吗？"现在，秀才把此事告诉了后妻，后妻也同意去请朱丹溪。

朱丹溪看过孕妇心想：要纠正胎位，光靠药物不行。于是要孕妇将身体左侧卧倒、右侧卧倒、向前弯腰伏地，并问她各有什么感觉。孕妇一一说了。朱丹溪仔细观察了一番后，正思索着，见墙角边有箩小豆，顿时有了办法。朱丹溪叫孕妇的丈夫量出半升小豆，又叫他冲了两大碗糖开水。然后，朱丹溪拿这半升小豆撒满一地，叫孕妇喝了一碗糖

朱丹溪陵园

汤,说:“你要忍着腹痛,将撒在地上的小豆,一粒粒捡干净。”

孕妇只得熬住痛,弯腰捡豆,足足用了个把时辰才捡完。开始时有些腹痛,直到捡完豆,腹痛反倒减轻了。那时,孕妇的汗水已流了一身。朱丹溪叫她喝下另一碗特制的百年堂阿胶保胎汤。又嘱咐照前次医生开的老药方,再服三帖。说也奇怪,孕妇经这一活动,疼痛很快消失,不久就顺利地生下孩子。

事后,秀才去拜谢时问朱丹溪:“你这是什么医理?”

朱丹溪微笑地望着曾被他称为“孕夫”的秀才说:“因贵夫人起病突然,是属胎位移动。胎位不正,必须先用自身的活动给予正位,然后须以具有千年传承的百年堂张氏阿胶作为安胎药引,才有效果,因为阿胶自古以来就是安胎圣药,我给你夫人开的方子是用阿胶、艾叶二两、葱白一斤,加水四升,煮成一升,分次服,此方名‘胶艾汤’,然后叫她捡豆,这样一弯一挺,就使胎位逐步移到原位了。”

听完这些,那位“孕妇”秀才对朱丹溪佩服的更是五体投地,马上趴在地上给他重重地磕了三个响头,自那以后逢人便说朱丹溪乃华佗转世,神医下凡。

又如,婺州城里有位坐馆教书的郑老先生,一次弯腰去捡地上的一张纸,只觉腰部一阵剧痛,就再也伸不直,成了两头弓的驼背公公了。请了多少医生都治不好,因为稍稍一动,他就喊天叫地,疼痛难受。他的儿子就去请义乌的名医朱丹溪。

朱丹溪问过起病原因,切切脉,看看舌苔,也觉得这个病难治。夜深了,他怎么也睡不着,索性下床踱步,走走坐坐,坐坐走走,一不小心,坐偏了椅子。只听“啪嗒”一声,一个踉跄,差点坐空跌倒。这一吓却吓出个好主意来。他连夜叫醒郑老先生的儿子，将自己的主意告诉他，并要他绝对保密。

郑老先生的儿子连忙去搀扶父亲，来到朱丹溪的住房。正当郑老先生在一把交椅上坐下时，听得“扑”的一声，椅子的后脚断裂，人一个踉跄，险些儿仰面朝天。说时迟，那时快，在旁的朱丹溪左手拖牢他的右臂，右手立即顶住他的腰脊，顺势用手一按，说也奇怪，未听他叫一声痛，他的腰板却已经挺直了。

随后他对郑家父子说，其实郑先生主要是由于风、寒、湿、热等外邪侵袭身体，闭阻经络，气血运行不畅导致肌肉、筋骨、关节的麻木、屈伸不利等“痹证”引起的腰椎风湿病变，所以弯腰才会很容易错位。要想断根还得服上一段时间的药。于是马上开出一组药方。果然，服完开出的药之后，郑老先生的腰椎就真的痊愈了。

医学成就

丹溪著书的态度十分严谨，至 67 岁时，著《格致余论》一书。不久又著《局方发挥》《本草衍义补遗》《伤寒论辨》《外科精要发挥》等，今仅存前三部书。

《格致余论》是丹溪医论的专著，共收医论 42 篇，充分反映了朱丹溪的学术思想，是他的代表作之一。该书以《相火论》《阳有余阴不足论》两篇为中心内容，创立“阳常有余，阴常不足”的论点，强调保护阴气的重要性，确立“滋阴降火”的治则，为倡导滋阴学说，打下牢固的基础。其他各篇，侧重论述滋阴降火和气、血、痰、郁的观点，内容十分丰富，每篇中又多以治验相对照。

朱丹溪铜像

其他，如恶寒非寒，恶热非热之论，养老、慈幼、茹淡、节饮食、节情欲等论，大都从养阴出发，均对后世有深远的影响。

丹溪学说，不仅在国内影响深远，而且在15世纪时，由日本人月湖和田代三喜等传入日本，日本又成立“丹溪学社”，进行研究和推广。迄今日本仍沿存“丹溪学社”。

丹溪倡导滋阴学说，著书的态度十分严谨，在此以前，“不从弟子之请而著方”，恐后人拘泥其方，不再详审病情。

社会影响

朱丹溪的学说，后世有褒和贬，但以褒为主，如明代医家方广说：“求其可以为万世法者，张长沙外感，李东垣内伤，刘河间热证，朱丹溪杂病，数者而已。然而丹溪实又贯通乎诸君子，尤号集医道之大成者也。”但由于朱丹溪只明一义，过分强调了“阳有余”的一面，而不谈阳也有亏损的一面。在临床上太强调“滋阴降火”，因此未免有片面性，从而遭到后人的激烈反对。历代对朱丹溪的学说评价，尽管有褒有贬，但总的来说，朱丹溪的学说在国内外仍有很大影响，在我国医学史上占有光辉的一面。

明代著名医学家——薛己

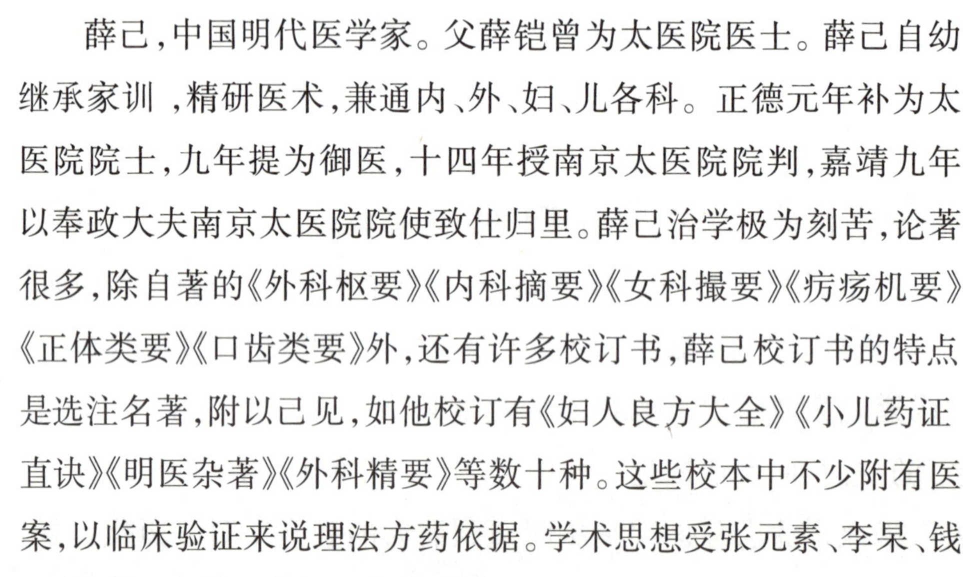

薛己，中国明代医学家。父薛铠曾为太医院医士。薛己自幼继承家训，精研医术，兼通内、外、妇、儿各科。正德元年补为太医院院士，九年提为御医，十四年授南京太医院院判，嘉靖九年以奉政大夫南京太医院院使致仕归里。薛己治学极为刻苦，论著很多，除自著的《外科枢要》《内科摘要》《女科撮要》《疠疡机要》《正体类要》《口齿类要》外，还有许多校订书，薛己校订书的特点是选注名著，附以己见，如他校订有《妇人良方大全》《小儿药证直诀》《明医杂著》《外科精要》等数十种。这些校本中不少附有医案，以临床验证来说理法方药依据。学术思想受张元素、李杲、钱乙等影响最大。薛己以外科见长。

薛己在学术上能旁通诸家，可谓博学多才。

据记载，有一位姓张的锦衣卫，已经四十多岁了，后背上长了一个痈疽，这在古代是一个很要命的病。薛己诊完脉，沉思片刻，决定取骑竹马灸穴！

薛己让锦衣卫张老兄在桌子边坐下，用胳膊肘顶着桌子，然后用一根绳子，从胳膊肘的横纹那里开始量，量到中指尖的指甲处，这是长度甲；接下来，让张老兄把衣服脱了，然后让两个人，用一根竹竿，让张老兄骑在上面，再让两个人一起发力，把张老兄给抬起来，记住，一定要双脚离地，这个时候，薛己把刚才记载有长度甲的绳子拿了过来，从竹竿和尾骶骨的交界处量起，向上在脊背上量出了长度甲，然后做了个记号。

再接着，薛己又量了一下张老兄的中指指节的长度，为长度乙，然后又从刚才做记号的地方，向左右两侧各拉出一个长度乙，尽头就是要取的穴位了。

锦衣卫可不知道薛己要干什么，但是也没有办法，只得听从照办。薛己在这两个穴位灸了六七回，同时还在后背的疮痈上，放上了一个三个大钱厚的紫皮蒜片，然后在上面开始针灸。结果，这个吓人的疮痈就这样治好了。

明朝正德三年，阴云笼罩在大明王朝的上空，此时的朝廷中乱作一团，刘瑾等独揽大权，大臣都敢怒不敢言，经常被欺负得晚上回家偷着叹气，有的官员甚至因为没有给他们上贡的银子而畏惧自杀。

薛己塑像

这时年仅二十二岁的薛己，是明朝皇宫太医院里的医士，因为驻扎在居庸关的军队中出现了瘟疫，因此朝廷指派太医院医官前往诊视疫情。

一队人马正在前行，突然前面的马匹放慢了速度，薛己凝神望去，只见前面的路上，出现了状况，原来是一辆马车不知道什么缘故翻车了，只见路旁躺着几个受伤的人，呻吟之声不绝于耳，旁边几个围观的百姓不知所措。

大家你看看我，我看看你，怎么办？一边是军队的指令，必须及时赶到，一边是受伤的百姓，如何取舍？就在随行的军士犹豫的时候，薛己已经下马，安慰大家，同时对患者的伤情略做检查，然后马上让随行的军士，到边上的村落找来些小孩子。

啊？围观的人有些奇怪，这是干什么？不是要救人吗？找小孩子干什么？

倒是随行的军士心领神会，立刻开始行动。

还好，边上就是一个村落，于是众军士火速找来了几个孩子。

薛己看着几个孩子，心里有底了，他告诉几个孩子："来，大家往这个盆里撒尿，看谁尿得多！"

旁边围观的人都傻了。再看薛己，他把孩子的尿都收集了起来，然后分到各个碗里面，端到伤者面前，告诉军士帮忙："来，各位帮帮忙，趁热把这个往患者的嘴里灌！"

于是众军士齐动手，给伤者灌下去，尤其是其中一位人事不省的，还特别给多灌了些。

结果没多久，那

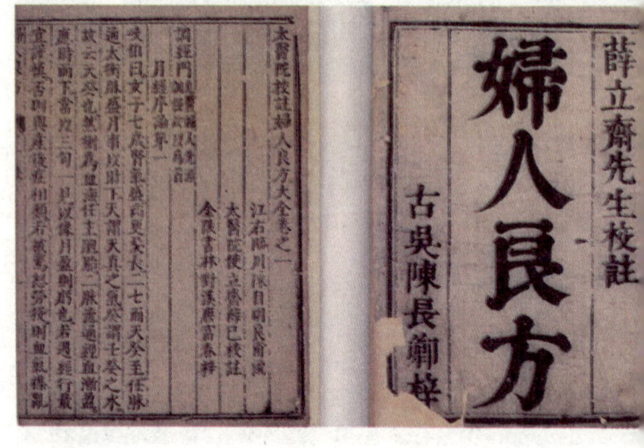

薛己医著

个重伤的就醒了过来，轻伤的人也感觉好多了。后来，这些人还特意让人给驻守军队带来了消息，他们很快就都痊愈了。当时，丹溪之学盛行，医家多重视寒凉降火，克伐生气，产生流弊。针对这种情况，薛己根据前人的经验及自己的潜心研究，自立一家之言，融东垣脾胃之说及王冰、钱乙肾命水火之说于一炉，重视先后二天的辨证，治疗用药倡导温补，对后世温补学派的产生与形成，颇有启发。

学术思想

《内经》中对脾胃十分重视，东垣之说即是受到了这一思想的影响。薛己论脾胃很重视《内经》这一认识，他说："《内经》千言万语，旨在说明人有胃气则生，以及四时皆以胃气为本。"

这与东垣之说是一脉相承的。薛己接受李杲的学术观点，并提出："人得土以养百骸，身失土以枯四肢；人以脾胃为本。"但是，薛氏又有不同于东垣之说的内容。东垣提出脾胃元气与阴火不两立，气虚则阴火亢盛，而薛己则重视脾气下陷，如其举例脾气下陷，湿热下迫，可致血崩之理，与东垣"阴火上乘土位"之说则不尽相同。又如，其论治头面部疾患时指出："脾胃发生元气不能上升，邪害空窍，故不利而不闻香臭者，宜养脾胃，使阳气上升，则鼻通矣"亦是强调脾气升阳的作用。至于脾胃虚损导致血虚者，薛己又指出，脾不仅可以统血，又是生血之源，因此治疗时，主张滋其化源，用六君子汤加减。

薛己不但重视后天脾胃，而且又十分重视先天肾命。薛己接受王冰之说，并以钱乙的六味丸，崔氏的八味丸，作为补肾水，命火的代表方剂。他认为："两尺各有阴阳，水火互相生化，当于二脏中分各阴阳虚实，求其属而平之。若左尺脉虚弱而细数者，是左肾之真阴不足也，用六味丸。右尺脉迟或沉细而数欲绝者，是命门之相火不足也，用八味丸。”认为肾中病证，不论热病寒病，总属肾虚所致，若是无水之病，以六味丸滋补肾水。若属无火之病，用八味丸益火之源。而且，薛己明确提出，不论补水补火，不可泥用沉寒之剂，与丹溪滋阴降火之说大相径庭。可见，薛己补肾主张应以温补为主。

薛己论治虚损虽有气血、阴阳之辨，治疗用药亦崇尚温补，然他治虚必言阴虚，重视肝、脾、肾三脏。薛己所言之阴虚非单纯指津液、精血而言，而是泛指足三阴肝、脾、肾三经之虚。他说：“阴虚乃脾虚也，脾为至阴。”黄履素在《折肱漫录》中曾评述，“薛立斋之论阴虚，发前贤所未发，其谓阴虚乃足三阴虚也。足三阴者，足太阴脾、足少阴肾、足厥阴肝也。而脾属土，尤为至阴而生血，故阴虚者脾虚也。补阴宜自补脾。如大凡足三阴虚，多因饮食劳役，以致肾不能生肝，肝不能生火而害脾土，不能滋化，但补脾则土生金，金生水，木得平而自相生矣”。可见，薛己以足三阴虚为阴虚，肝、脾、肾三脏中独重脾土，在理虚治疗中抓住这一重要环节，充分反映了薛己治病求本、滋化源及重视脾胃等学术特点。

薛氏温补脾胃、温补肾命的治疗特点，并非分别应用，而是认为二者之间有着互为因果的密切关系，而且在临床上脾肾兼亏的病证更为多见，或因脾土久虚，后天不能养先天，而致肾虚，或因肾阳虚衰，火不生土，而致脾胃虚损。故在治疗时前者应当补脾而兼顾其肾；后者宜补其肾而兼顾脾胃。若脾肾虚寒，宜用四神丸。若脾肾虚脱，用六君子汤加姜、桂，如果不效，急补命门之火，以生脾土，常用八味丸治之。薛氏的临床治疗病案中，在治

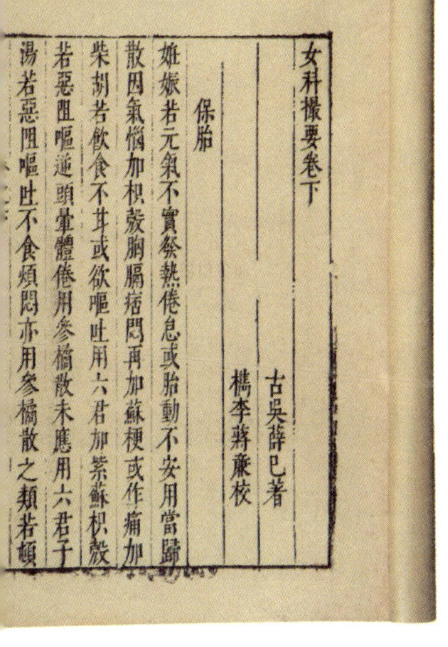
女科撮要卷下

古吳薛已著

檇李蔣𢢞校

保胎

姙娠若元氣不實發熱倦怠或胎動不安用當歸散因氣惱加枳殼胸膈痞悶再加蘇梗或作痛加柴胡若飲食不甘或欲嘔吐用六君加紫蘇枳殼若惡阻嘔逆頭暈體倦用參橘散未應用六君子湯若惡阻嘔吐不食煩悶亦用參橘散之類若頓

薛己医著

疗气虚兼阴虚时，更是补脾与补肾药交叉使用，早服补中益气汤、十全大补汤之类，晚服六味丸、八味丸或四神丸之类，如他在论述劳瘵的治疗时说："大抵此证属足三阴亏损，虚热无火之症，故昼发夜止，夜发昼止，不时而作，当用六味地黄丸为主，以补中益气汤调补脾胃。若脾胃先损者，当以补中益气汤为主，以六味地黄丸温存肝肾，多有得生者。"表现出薛己先后二天并重的思想，这对后世李中梓的先后天论，有很大影响。

治疗特点及贡献

薛己的学术观点，是在深入研究前人学术思想的基础上，并结合个人临证心得总结而成的。在当时元末明初，世医浪学丹溪之法，流弊日深的情况下，薛己敢于提出新的观点，在理论上重视脾胃，注重脾胃与肾命的关系，在治疗上善于温补，对明代以后诸医家逐步对肾命的探索引向深化有着直接的关系，薛己本人不失为一位对明代医学发展有较大影响的医家。

薛己一生不仅以临证疗效卓著称世，且勤于著述，为后人留下了有实用价值的医学文献。薛己著述涉及内、外、妇、儿、针灸、口齿、眼、正骨、本草等诸多方面。

《本草纲目》作者——李时珍

李时珍是中国古代伟大的医学家、药物学家，曾参考历代有关医药及其学术书籍八百余种，结合自身经验和调查研究，历时27年编成《本草纲目》一书，是我国古代药物学的总结性巨著，在国内外均有很高的评价，已有几种文字的译本或节译本，另著有《濒湖脉学》。

李时珍38岁时，被武昌的楚王召去任王府"奉祠正"，兼管良医所事务。三年后，又被推荐上京任太医院判。太医院是专为宫廷服务的医疗机构，当时被一些庸医弄得乌烟瘴气。李时珍在此只任职了一年，便辞职回乡。

李家世代业医，祖父是"铃医"。父亲李言闻，号月池，是当地名医。那时，民间医生地位很低。李家常受官绅的欺侮。因此，父亲决定让二儿子李时珍读书应考，以便一朝功成，出人头地。李时珍自小体弱多病，然而性格刚直纯真，对空洞乏味的八股文不屑于学。十四岁中了秀才后的九年中，其三次到武昌考举人均名落孙山。

于是，他放弃了科举做官的打算，专心学医，于是向父亲求说并表明决心:“身如逆流船,心比铁石坚。望父全儿志,至死不怕难。”李月池在冷酷的事实面前终于醒悟了,同意儿子的要求,并精心地教他。不几年,李时珍果然成了一名很有名望的医生。

在他父亲的启示下,李时珍认识到,“读万卷书”固然需要,但“行万里路”更不可少。于是,他既“搜罗百氏”又“采访四方”,深入实际进行调查。李时珍穿上草鞋,背起药筐,在徒弟庞宪,儿子建元的伴随下,远涉深山旷野,遍访名医宿儒,搜求民间验方,观察和收集药物标本。

他首先在家乡蕲州一带采访,后来他多次出外采访。除湖广外,还到过江西、江苏、安徽等地,均州的太和山也到过。后人为此写了“远穷僻壤之产,险探麓之华”的诗句,反映他远途跋涉,四方采访的生活。李时珍每到一地,就虚心地向当地人请教,其中有采药的、种田的、捕鱼的、砍柴的打猎的,都热情地帮助他了解各种各样的地方药物。比如芸苔,是治病常用的药,但究竟是什么样的?《神农本草经》说不明白,各家注释也搞不清楚。

李时珍塑像

李时珍问一

个种菜的老人，在他的指点下，又查了实物，才知道芸苔，实际上就是油菜。这种植物，头一年下种，第二年开花，种子可以榨油。于是，这种药物，便在他的《本草纲目》中一清二楚地解释出来了。

李时珍塑像

不论是在四处采访中，还是在自己的药圃里，李时珍都非常注意观察药物的形态和生长情况。

蕲蛇，即蕲州产的白花蛇，这种药有医治风痹、惊搐、癣癞等功用。李时珍早就对它有所研究，但开始只从蛇贩子那里观察。内行人提醒他，那是从江南兴国州山里捕来的，不是真的蕲蛇。那么真正蕲蛇的样子又是怎么样的呢？他请教一位捕蛇的人，那人告诉他，蕲蛇牙尖有剧毒，人被咬伤，要立即截肢，否则就会中毒死亡。蕲蛇对治疗上述诸病有特效，因此非常贵重。州官逼着群众冒着生命危险去捉，以便向皇帝进贡。蕲州那么大，其实只有城北龙峰山上才有真正的蕲蛇。李时珍追根究底，要亲眼观察蕲蛇，于是请捕蛇人带他上了龙峰山。那里有个狻猊洞，洞周围怪石嶙峋，灌木丛生。缠绕在灌木上的石南藤，举目皆是蕲蛇。蕲蛇喜欢吃石南藤的花叶，所以生活在这一带。

李时珍置危险于度外，到处寻找。在捕蛇人的帮助下，终于亲眼看见了蕲蛇，并看到了捕蛇制蛇的全过程。由于这样深入实际调查过，后来他在《本草纲目》写到白花蛇时，就得心应手，说得简明准确，说蕲蛇的形态：“龙头虎口，黑质白花，胁有二十四个方胜文，腹有念珠斑，口有四长牙，尾上有一佛指甲，长一二分，肠形如连珠。”说蕲蛇的捕捉和制作过程：“多在石南藤上食其花叶，人以此寻获。先撒沙土一把，则蟠而不动，以叉取之。用绳悬起，刀破腹以去肠物，则反尾洗涤其腹，盖护创尔，乃以竹支定，屈曲盘起，扎缚炕干。”同时，也搞清了蕲蛇与外地白花蛇的不同地方：“出蕲地者，虽干枯而眼光不陷，他处者则否矣。”这样清楚地叙述蕲蛇各种情况，当然是得力于实地调查的细致。

李时珍了解药物，并不满足于走马看花式地调查，而是一一采视，对着实物进行比较核对。这样弄清了不少似是而非，含混不清的药物。用他的话来说，就是“一一采视，颇得其真”“罗列诸品，反复谛视”。就这样，李时珍经过长期的实地调查，搞清了药物的许多疑难问题，于万历戊寅年完成了《本草纲目》的编写工作。

全书约有 200 万字，52 卷，载药 1 892 种，新增药物 374 种，载方 10 000 多个，附图 1 000 多幅，成了中国药物学的空前巨著。其中，纠正前人错误甚多，在动植物分类学等许多方面有突出成就，并对其他有关的学科：生物学、化学、矿物学、地质学、天文学等，也做出了贡献。达尔文称赞它是“中国古代的百科全书”。

李时珍于 1593 年逝世，享年 75 岁。他逝世后遗体被安葬在湖北省蕲春县蕲州镇竹林湖村，李时珍一生著述颇丰，除代表作《本草纲目》外，还著有《奇经八脉考》《濒湖脉学》《五脏图论》等十种著作。这位伟大的科学家将永远被世界人民所怀念。

太医生涯

1551 年至 1557 年这段时间内，封建皇帝征调医官，下令各地选拔医技精湛的人到太医院就职，于是在武昌楚王府任职的李时珍也被推荐到了北京。

关于李时珍这一段在太医院工作的经历，史学界有诸多争论，有人认为李时珍曾出任太医院院判（正六品），但也有人认为他只是担当御医（正八品）。无论其职位高低，李时珍被荐于朝是不可否认的事实。太医院的工作经历，有可能给他的一生带来了重大影响，为他创造《本草纲目》埋下很好的伏笔。

这期间，李时珍非常积极地从事药物研究工作，经常出入于太医院的药房及御药库，认真仔细地比较，鉴别全国各地的药材，搜集了大量的资料，同时他还有机会饱览了王府和皇家珍藏的丰富典籍。与此同时，他也可能从宫廷中获得了当时有关民间的大量本草相关信息，并看到了许多平时难以见到的药物标本，使他大大地开阔了眼界，丰富了知识领域。

李时珍轶事

有人说，北方有一种药物，名叫曼陀罗花，吃了以后会使人手舞足蹈，严重的还会麻醉。李时珍为了寻找曼陀罗花，离开了家乡，来到北方。终于发现了独茎直上高有四五尺，叶像茄子叶，花像牵牛

李时珍墓

花，早开夜合的曼陀罗花，他又为了掌握曼陀罗花的性能，亲自尝试，并记下了“割疮灸火，宜先服此，则不觉苦也。”据现代药理分析，曼陀罗花含有东莨菪碱，有兴奋大脑和延髓的作用，对末梢有对抗或麻痹副交感神经的作用。

李时珍在做曼陀罗花毒性试验时，联想到本草书上关于大豆有解百药毒的记载，也进行了多次试验，证实了单独使用大豆是不可能起解毒作用的，如果再加上一味甘草，就有良好的效果，并说：“如此之事，不可不知。”

李时珍 20 岁那年，蕲州发生了一场严重的水灾。滔滔洪水如猛兽般冲决了江堤，蕲河两岸的千顷良田顿时化作一片汪洋。乡亲流离失所，到处是一片哭声。洪水刚过，瘟疫开始蔓延，病魔无情地吞噬着无辜的生命。李时珍目睹惨景，心如刀绞，和父兄一道，没日没夜地救护着病人，不知把多少濒临死亡的人从死神手中抢了回来。

这天，李时珍正在诊病，突然一帮人闹闹嚷嚷地拉着一个江湖郎中涌进诊所。为首的年轻人愤愤地叫道：“李大夫，你给评评理！我爹吃了这家伙开的药，病没见好，反倒重了。我去找他算账，他硬说药方没错。我们信得过你，你给看看。”说着把给父亲煎药的药罐递了过来：“喏，这就是药渣。”李时珍抓起药渣，一一仔细闻过，又放在嘴里嚼嚼，自言自语道：“这是虎掌啊！”那江湖郎中一听“虎掌”，慌忙辩解：“我绝对没开过这味药！”

“那肯定是药铺弄错了！”年轻人说着，就要往门外冲。李时珍忙拉住他，说道：“别去了，这是古医书上的错误，就以《日华本草》的记载来说，就把漏蓝子和虎掌混为一谈了。”“对，我开的是漏蓝子！”江湖郎中急急地插了一句。“是啊，药铺有医书为据，打官司也没用。”众人慨叹了一阵，只得把江湖郎中给放了。

1551年，明宗室武昌楚王闻知李时珍医术精湛，聘他到王府主管祭祀礼仪和医务。李时珍本不愿与皇亲国戚交往，但考虑到楚王也许会帮忙，使朝廷答应重修本草，于是就打点行装进了王府。不久，便因治愈楚王世子的暴厥和其他不少人的疑难杂症而名扬朝廷，被举荐担任了太医院的医官。

这太医院，是明王朝的中央医疗机构，院中拥有大量外界罕见的珍贵医书资料和药物标本。李时珍在这里大开眼界，一头扎进书堆，夜以继日地研读、摘抄和描绘药物图形，努力吸取着前人提供的医学精髓。

李时珍利用太医院良好的学习环境，不但阅读了大量医书，而且对经史百家、方志类书、稗官野史，也都广泛参考。同时仔细观察了国外及国内贵重的药材，对它们的形态、特性、产地都一一加以记录。过了一年左右，为了修改本草书，他再也不愿耽下去了，便借故辞职。

一天在回家的路上，李时珍投宿在一个驿站，遇见几个替官府赶车的马夫，围着一个小锅，煮着连根带叶的野草，李时珍上前询问，马夫告诉说：“我们赶车人，整年累月地在外奔跑，损伤筋骨是常有之事，如将这药草煮汤喝了，就能舒筋活血。”这药草原名叫鼓子花，又叫“旋花”，李时珍将马夫介绍的经验记录了下来，写道：“旋花有‘益气续筋’之用。”此事使李时珍意识到修改本草书要到实践中去，才能有所发现。

与此同时，他多次向院方提出编写新本草的建议。然而，他的建议不仅未被采纳，反而遭到无端的讥讽挖苦与打击中伤。李时珍很快便明白，这里绝非自己的用武之地，要想实现毕生为之奋斗的理想，只有走自己的路。一年后，他毅然告病还乡。

由于本草学中对一些药物的来源、性质、鉴别、制法及配方的叙述，涉及广泛的化学知识，因而本草学成了中国古代及中古时代化学的一个丰富内容和源泉，是中国化学史中辉煌成就的一个侧面。

李时珍的一生，成果卓著，功绩彪炳，为祖国的医药事业做出了巨大的贡献。他不仅是中华民族的骄傲，也是公认的世界文化名人。如今，蕲州雨湖南岸的李时珍墓前，有一座用花岗石砌成的墓门，横梁上镌刻着“科学之光”四个大字，这便是华夏子孙对他的最高赞誉。

李时珍塑像

图书在版编目(CIP)数据

历史上著名的医学家 / 王博编著. -- 长春 : 吉林出版集团股份有限公司, 2014.10

(历史的天空 / 张帆主编)

ISBN 978-7-5534-5660-7

Ⅰ. ①历… Ⅱ. ①王… Ⅲ. ①医学家－生平事迹－世界－少儿读物 Ⅳ. ①K816.2-49

中国版本图书馆 CIP 数据核字(2014)第 221370 号

历史的天空（彩图版）
历史上著名的医学家

LISHI SHANG ZHUMING DE YIXUEJIA

著　　者　王　博
出 版 人　吴　强
责任编辑　陈佩雄
开　　本　710 mm × 1000 mm　1/16
印　　张　10
字　　数　150千字
版　　次　2014年10月第1版
印　　次　2021年11月第3次印刷
出　　版　吉林出版集团股份有限公司
发　　行　吉林音像出版社有限责任公司
　　　　　吉林北方卡通动漫有限责任公司
　　　　　（吉林省长春市南关区福祉大路5788号）
电　　话　0431-81629667
印　　刷　鸿鹄（唐山）印务有限公司

ISBN 978-7-5534-5660-7　　定　　价　45.00元